하루 30분
요리가 된다

하루 30분
요리가 된다

홍신애 지음

푸른숲

차례

프롤로그 • 8

쉽고, 빠르고, 근사한
가정식을 위한 준비

손쉬운 계량법 • 12
재료 손질법 • 14
홍신애표 만능 양념과 만능 육수 • 18
집밥 맛있게 짓는 법 • 22
두 번 걸음 안 하게 되는 장보기 습관 • 24
내 몸을 위해 줄여볼까, 가공식품 알고 먹기 • 26
근사한 상차림을 위한 기본 식기 사용법 • 30

가정식의 정석1
매일매일 두고 먹는
밑반찬

화산달걀찜 • 34
가지쇠고기볶음 • 36
견과류멸치볶음 • 37
강된장 • 38
오이고추된장무침 • 39
쇠고기장조림 • 40
연근조림 • 42
호두콩조림 • 43
고등어쌈장 • 44
감자채볶음 • 45
애호박나물무침 • 46
오징어채무침 • 47
푸딩달걀찜 • 48
깻잎찜 • 49
간장게장 • 50
간단배추김치 + 홍신애의 요리 습관 • 52
간단깍두기 • 54
간단물김치 • 55
간단동치미 + 홍신애의 요리 습관 • 56

가정식의 정석2
끼니마다 고민되는
국물 요리

미역국 + 🍲홍신애의 요리 습관 • 60
쇠고기뭇국 • 62
배추된장국 • 63
콩나물국 + 🥬콩나물무침 • 64
두부고추장찌개 • 66
북엇국 • 68
꽃게탕 • 69
간사이오뎅탕 + 🍲홍신애의 요리 습관 • 70
명란달걀탕 • 72
조개탕 • 73
돼지고기김치찌개 + 🍲홍신애의 요리 습관 • 74
부대찌개 + 🍲홍신애의 요리 습관 • 76
순두부찌개 • 78
꽁치김치찜 • 79
모둠불고기전골 • 80
사골곰탕 + 🍲홍신애의 요리 습관 • 82

가정식의 정석3
후다닥, 시간 벌어주는
한 그릇 요리

콩나물밥 • 86
돼지고기부추덮밥 • 88
골뱅이비빔국수 • 90
김치말이밥 • 92
두부달걀덮밥 • 93
콩나물묵사발 • 94
스팸깻잎초밥 • 96
마파두부덮밥 • 98
조갯살톳밥 • 100
날치알깍두기볶음밥 • 101
오야코돈부리 + 🍲홍신애의 요리 습관 • 102
파인애플볶음밥 • 104
나가사키짬뽕 • 106
베이컨김치덮밥 • 108
마늘볶음밥 • 109
닭칼국수 • 110
알밥 • 112
단호박카레라이스 • 114
쇠고기야채죽 • 116

가정식의 정석4
아이도 어른도 건강하게
보양식 요리

삼겹살간장찜 • 120
차돌박이유자무침 • 122
해물솥밥 • 124
꽃게마늘소스볶음 • 126
버섯불고기와 메밀온면 • 128
건과일소스를 얹은 닭가슴살스테이크 • 130
두릅마늘볶음 • 132
전복마늘스테이크 • 133
수삼갈비찜 • 134
해물떡찜 + 홈메이드 쿨피스 • 136
닭고기양상추쌈 • 138
단호박오리고기볶음 • 140
미역안심냉채 • 142
검은콩아이스크림 • 144
꿀약식 • 146
전복죽 • 147
삼계탕 • 148
검은콩갈치조림 • 150
해물탕 • 152

가정식의 정석5
매콤달콤해서 더 당기는
술안주 요리

데리야끼소스닭구이 • 156
새우부추전 + 홍신애의 요리 습관 • 158
소시지순대볶음 • 160
순살마늘치킨 + 홍신애의 요리 습관 • 162
즉석감자전 • 164
고등어갈비 • 165
참치타다키 • 166
새우크림크로켓 + 홍신애의 요리 습관 • 168
낙지볶음과 소면 • 170
도토리묵무침 • 172
새우달걀부추볶음 • 174
파닭 • 176
피시앤칩스 • 177
새우볶음우동 • 178
주삼불고기 + 홍신애의 요리 습관 • 180
닭강정 • 182
깐풍기 • 184
도톰탱탱달걀말이 + 홍신애의 요리 습관 • 186
양념웨지감자 + 콘샐러드 • 188
돼지고기떡볶음 • 190

가정식의 정석 6
몇 가지만 알면 걱정 끝!
손님상 요리

통두부불고기샐러드 • 194
닭볶음탕 • 196
로즈메리안심스테이크 • 198
캘리포니아샐러드롤 • 200
매콤고소토마토홍합찜 • 202
매운갈비찜 • 204
수삼새우냉채 • 206
유자백김치말이 • 208
일식달걀말이 • 209
찹쌀과일탕수육 • 210
스프링롤 + 🍲 홍신애의 요리 습관 • 212
등갈비구이 + 🍲 코울슬로 • 214
화이트그린쌈밥과 두부쌈장 • 216
치킨가라아게 • 218
아게다시도후 • 220
대나무통영양밥 • 222
흑맥주스튜 • 224
양념게장 + 🍲 양념게장냉면 • 226
버섯수삼떡갈비 • 228
궁중떡볶이 • 230
연어라이스케이크 • 232

가정식의 정석 7
알고 나면 사 먹기 아까운
브런치 요리

베이컨, 토스트, 스크램블에그가 있는 아메리칸 브랙퍼스트 • 236
블루베리머핀과 황금비율 다방커피 • 238
바나나프렌치토스트 + 🍲 미숫가루밀크쉐이크 • 240
카프레제샐러드 + 🍲 홈메이드 바질페스토소스 • 242
연어샐러드 • 244
케이준치킨샐러드 • 246
시저샐러드 • 248
단호박크림수프 • 250
미네스트로네 • 252
토마토치즈부루스케타 • 254
크로크무슈샌드위치 • 255
크루아상에그샐러드샌드위치 • 256
연어베이글샌드위치 • 258
치킨또르띠야랩샌드위치 + 🍲 홈메이드 마요네즈 • 260
튜나멜트샌드위치 • 262
치킨파마산 • 263
치즈프리타타 • 264
발사믹소스채소구이 • 266
해물포모도로파스타 + 🍲 홈메이드 토마토소스 • 268
봉골레파스타 • 270
명란크림파스타 + 🍲 홍신애의 요리 습관 • 272
고르곤졸라피자 + 🍲 홈메이드 피클 • 274
베이크드파스타 • 276
알리오올리오 • 278
시금치치즈딥과 또르띠야 + 🍲 홍신애의 요리 습관 • 280
감자치즈그라탱 • 282
스트로베리쇼트케이크 • 284

찾아보기 • 286

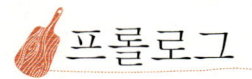 프롤로그

　　요리에 관한 책이 무수히 많은 세상입니다. 먹고 사는 문제가 더없이 중요해졌고, 사람들은 무엇을 먹느냐가 그 사람을 만들어간다는 것도 인지하고 있기 때문인데요. 게다가 넘치는 상품, 식재료들로 인해 무엇을 어떻게 선택해서 먹느냐가 가장 중요한 일이 되어버린 요즘입니다. 순간의 선택이 10년을 좌우한다는 전자제품 회사의 광고 문구처럼 말이죠.

　　저는 세상에 둘도 없는 작품을 만드는 일이 요리라고 생각해요. 그 음식을 먹은 사람이 건강하게 체력을 유지해 움직일 힘을 얻고 창의적인 사고를 할 수 있고, 그 결과물로 세상이 바뀌기도 하니까요. 음식은 모든 힘과 에너지의 근원인 셈입니다.

　　그래서 그런 요리를 위해 알아둬야 할 모든 것을 담고 싶었습니다. 독자들이 쉽게, 빠르게, 근사하게 요리를 할 수 있게 말이죠. 그리고 무엇보다 요리하는 즐거움을 알려주는 책이 되었으면 합니다. 어린 시

절, 부모님이 맞벌이를 했기 때문에 동생에게 밥을 챙겨주던 언니 역할을 담당했는데요. 그때 처음 요리라는 것이 재미있다는 생각을 했습니다. 간장과 참기름에 간단히 비볐을 뿐인데 그 밥을 잘도 받아먹는 작고 동그란 동생의 귀여운 입이 아직도 생각이 나네요. 이렇게 뿌듯함과 즐거움을 안겨주는 요리에 대해 쓴 책이 《하루 30분, 요리가 된다》입니다.

    요리하는 즐거움을 알고 자연스럽게 습관을 들인다면 얼마나 좋을까, 하는 바람에서 간단하고 빠르게 요리하는 방법, 건강한 식재료 이야기, 그리고 저만의 노하우들을 담아봤어요. 가벼운 마음으로 요리할 수 있는 그날까지 하루 30분씩, 저와 함께 하시면 됩니다. 읽으시면서 요리라는 작업을 더 친근하게 느낄 수 있었으면 좋겠습니다.

홍신애 드림

쉽고, 빠르고, 근사한
가정식을 위한 준비

손쉬운 계량법

급하게 음식을 준비해야 하거나 밥조차 차려 먹을 힘도 없을 때면 최소한의 도구로 재빨리 요리를 완성하고 싶어지는데요. 이 책의 모든 요리는 집집마다 하나씩은 꼭 있는 밥숟가락, 종이컵으로 계량한 레시피로 구성되어 있습니다. 언제, 어느 때라도 쉽고 간편하게 요리하세요.

들어가는 양념의 종류가 많아 요리할 때마다 헷갈리지만 이제부터는 이 한 줄만 기억해두면 계량 끝입니다. '액체류(간장, 식초, 기름 등)는 찰랑찰랑하게, 고체류(밀가루, 소금, 콩, 깨 등)는 수북이, 장류(고추장, 된장 등)는 볼록하게!' 어때요, 쉽죠?

··· 숟가락 계량

액체류   가루류   알갱이류

밥숟가락 1큰술 = 10~12㎖, 계량스푼 1큰술 = 15㎖
밥숟가락 1큰술은 계량스푼 1큰술에 비해 양이 적으므로 수북하게 담아 계량한다.

종이컵은 = 200㎖
계량컵과 양이 거의 비슷하므로 종이컵 대신 계량컵을 사용해도 된다.

장류

··· 종이컵 계량

액체류   알갱이류

기본 재료 분량

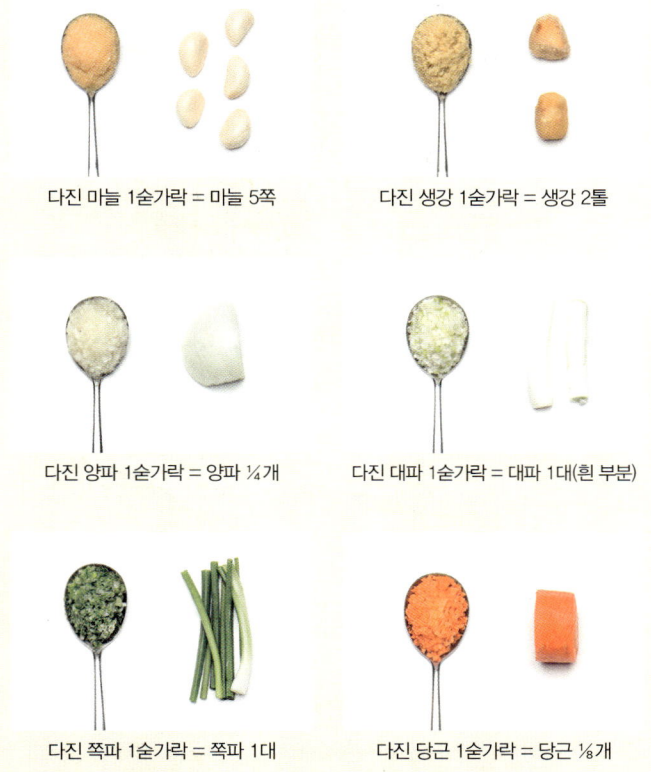

다진 마늘 1숟가락 = 마늘 5쪽
다진 생강 1숟가락 = 생강 2톨
다진 양파 1숟가락 = 양파 ¼개
다진 대파 1숟가락 = 대파 1대(흰 부분)
다진 쪽파 1숟가락 = 쪽파 1대
다진 당근 1숟가락 = 당근 ⅛개

일러두기

- 레시피의 모든 계량 단위는 밥숟가락과 종이컵으로 표기했다.
- 여기서 밥숟가락은 식당, 가정에서 흔히 볼 수 있는 한국형 숟가락을 말한다.
- '약간'은 소금이나 후춧가루 등을 엄지와 검지로 살짝 집은 정도를 뜻한다.
- '+'는 음식을 만들기 전에 미리 섞어두면 맛이 어우러져 더 깊은 맛을 내는 양념에 표기했다. 재료에 '+' 표시가 있다면 미리 섞어둔다.
- 각각의 요리 설명 뒤에 이어 나오는 불꽃 표시는 불의 세기를 한눈에 알아보기 쉽게 표기한 것이다. ♨♨♨는 센불, ♨♨는 중불, ♨는 약불을 뜻한다.

재료 손질법

꽃게

1 게 등딱지와 몸통을 분리한다.

2 등딱지 쪽의 모래주머니를 제거한다.

3 부스러기 등을 깨끗이 뜯어낸다.

4 입과 주위 부분을 뜯어서 정리한다.

5 발의 뾰족한 부분을 가위로 자른다.

6 조리하기 편하게 칼로 2등분한다.

오징어

1 몸통과 다리 부분을 잡아당겨 분리한다.

2 투명한 뼈를 떼어낸다.

3 손가락에 소금을 묻혀 잡아당기듯 껍질을 벗긴다.

4 눈과 입을 칼로 도려낸다.

5 밀가루로 문지른 뒤 물로 헹군다.

새우

1 머리로부터 두번째 마디의 등 쪽에 이쑤시개를 꽂는다.

2 이쑤시개를 살짝 들어 올려 내장을 빼낸다.

3 머리 위쪽의 뾰족한 뿔을 가위로 자른다.

4 입 부분과 수염도 잘라준다.

5 꼬리 쪽, 뾰족한 삼각형 모양의 물총을 떼어낸다.

6 껍질을 벗긴다.

7 등 쪽에 칼집을 낸다.

8 나비 모양으로 펼쳐준다.

홍합

1 홍합의 뾰족한 쪽으로 이물질을 당겨 제거한다. 둥근 쪽으로 당기면 살이 딸려나와 상해버리므로 주의한다.

2 껍질을 서로 문질러 겉면의 이물질을 제거한다.

・・・ 주꾸미

1 입 부분을 손가락으로 눌러 제거한다.

2 눈을 가위로 도려낸다.

3 가위로 머리 쪽을 살짝 잘라 뒤집어준다.

4 머리 안쪽의 내장을 제거한다.

5 밀가루로 문지른 뒤 물로 헹군다.

・・・ 낙지

1 머리 안쪽에 가위집을 낸다.

2 뒤집어서 내장을 제거한다.

3 눈을 가위로 도려낸다.

4 손가락으로 입을 눌러 제거한다.

5 밀가루로 문지른 뒤 물로 헹군다.

전복

1 솔로 문질러 물때를 제거한다.

2 숟가락이나 칼을 넣어 살, 내장, 껍질을 모두 분리한다.

3 입 부분을 칼로 자른다.

닭(삼계탕용)

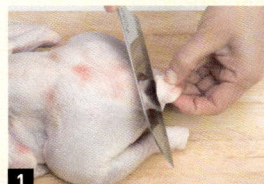
1 칼로 꼬리 부분의 지방질을 제거한다.

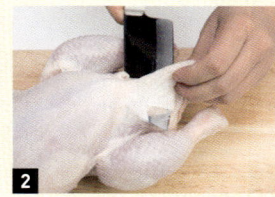
2 다리 쪽의 지방이 늘어진 부분에 각각 칼집을 낸다.

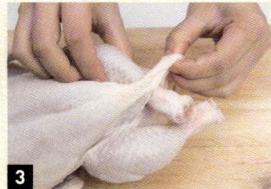
3 칼집 낸 곳에 다리를 교차해서 집어넣는다.

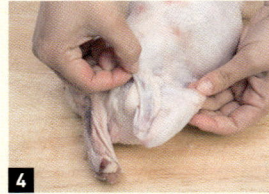
4 날개 부분을 각각 겨드랑이 안쪽에 넣어 고정시킨다.

5 목뼈를 몸통 안쪽에 밀어넣는다.

아보카도

1 가운데 씨 주위로 칼을 돌려가며 반으로 가른다.

2 칼로 씨를 빼낸다.

3 숟가락으로 과육만 파낸다.

홍신애표
만능 양념과 만능 육수

만능 양념

만능 양념은 해산물이나 고기 등 재료에 상관없이 두루두루 쓰임새 있는 양념장을 말해요. 갖가지 요리에 함께 사용해도 재료의 장점이 부각될 수 있도록 양념을 미리 배합해뒀죠. 여러 가지 요리에 다양하게 사용해보세요.

만능 맛간장

○ 재료
간장 2컵
청주 1컵
마늘 5쪽
껍질 깐 생강 1톨(엄지손가락 크기)
설탕 6숟가락
통후추 1숟가락

○ 만드는 법
재료를 모두 냄비에 넣고 센불로 끓인다. 거품이 생기면 계속 걷어낸다. 끓기 시작하면 불을 줄여 5분 정도 더 끓이면 완성. 모든 재료를 건져낸 뒤 간장만 냉장 보관해 사용한다.

○ 쓰임
연근조림, 멸치볶음, 불고기, 두부조림 등 간장이 들어가는 모든 요리

만능 고추장

○ 재료
고추장 6숟가락
다진 마늘 2숟가락
설탕 1숟가락
청주 2숟가락
양조간장 1숟가락
후추 약간
사과주스 2숟가락
참기름 0.5숟가락

○ 만드는 법
재료를 모두 섞은 뒤 밀폐 용기에 담아 냉장 보관해 사용한다.

○ 쓰임
고추장삼겹살, 닭갈비, 떡볶이 등 고추장이 들어가는 모든 요리

만능 된장

○ 재료
된장 6숟가락
다진 마늘 2숟가락
멸치 가루 2숟가락
청주 2숟가락
국간장 1숟가락
후추 약간

○ 만드는 법
재료를 모두 섞은 뒤 밀폐 용기에 담아 냉장 보관해 사용한다.

○ 쓰임
된장찌개, 나물 된장 무침, 쌈장 등 된장이 들어가는 모든 요리

만능 육수

국물 맛의 기본인 육수는 사실 요리의 재료에 따라 각기 다르게 사용하는 것이 맞지만 이렇게 한 번에 육수를 우려두면 간편합니다. 해물 육수나 고기 육수를 특별히 구분짓지 않아도 진하고 간편한 맛을 낼 수 있어서 좋아요. 만든 뒤엔 냉장 보관하고 되도록 일주일 내에 사용하세요.

쇠고기 해물 만능 육수

○ 재료
쇠고기 양지머리 100g, 다시마 10cm×10cm 4장, 양파 1개, 북어채 1줌, 대파(흰 부분) 1대, 무 ¼개, 청주 ½컵, 간장 4숟가락, 설탕 1숟가락, 물 3ℓ

○ 만드는 법
1. 쇠고기는 찬물에 20분 정도 담가 핏물을 뺀다.
2. 양파, 대파, 무는 포크로 찔러 가스 불에 겉면을 태우듯 잠시 굽는다(구운 뒤 육수를 만들면 단맛이 훨씬 많이 나고 해물의 비린내도 제거된다).
3. 냄비에 물, 쇠고기, 다시마, 북어채, 양파, 파, 무, 청주를 넣고 20분간 센불에 끓인다.
4. 간장과 설탕을 넣고 10분간 더 끓인 뒤 체에 걸러 국물만 따르면 완성.
5. 국물을 따르고 남은 재료에 물 2ℓ를 더 붓고 30분간 끓이면 두번째 육수가 완성된다. 첫번째 것보다 진하진 않지만 간단한 국물 요리에는 요긴하게 쓸 수 있다. 쇠고기는 건져 썰어서 파채와 간장양념(간장 2 + 고춧가루 0.3 + 식초 2 + 설탕 1 + 참기름 1 + 다진 마늘 0.3)을 넣고 버무려 수육무침을 해 먹으면 된다.

가쓰오부시 우린 물

○ 재료
다시마 10cm×10cm 4장, 양파 ½개, 가쓰오부시 1줌, 물 1ℓ

○ 만드는 법
1. 냄비에 물, 다시마, 양파를 넣고 20분간 센불에서 끓인다.
2. 불을 끈 후 가쓰오부시를 넣고 10분간 그대로 둬 우려낸다.
3. 체에 걸러 건더기는 버리고 육수는 냉장 보관해서 사용한다. 냉동실 얼음통에 얼렸다가 써도 좋다.

만능 사골 육수

○ 재료

사골 600g
양파 1개
물 7.5ℓ

○ 만드는 법

1. 사골은 찬물에 2시간 정도 담가 핏물을 뺀다.
2. 양파는 포크로 찔러 겉면을 태우듯 가스 불에 잠시 구워준다.
3. 냄비에 물(1.5ℓ)을 넣고 팔팔 끓으면 사골을 넣는다. 3분 정도 끓인 뒤 사골을 건져내고 물을 모두 버린다. 냄비는 깨끗하게 닦아낸다.
4. 썼던 냄비에 다시 물(3ℓ)을 넣고 팔팔 끓으면 사골과 구운 양파를 함께 넣고 센불로 15분, 그다음엔 중불로 30분, 마지막으로 약불로 30분 정도 푹 끓인다.
5. 실온에서 4시간 정도 식힌 후 위에 뜨는 기름을 걷어낸다. 국물을 냉동실 얼음통에 넣어 얼린다.
6. 국물을 따르고 남은 재료에 다시 물(3ℓ)을 붓고 30분간 끓이면 두번째 육수가 완성된다. 사골 육수는 서너 번 정도 더 우릴 수 있으므로(이전보다 15분씩 시간을 더해 끓인다) 고아서 알뜰하게 쓴다.

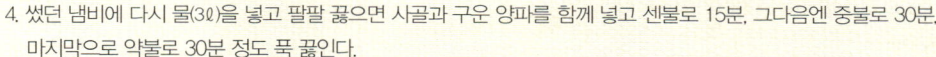

멸치 다시마 우린 물

○ 재료

멸치 1줌, 다시마 10cm×10cm 12장,
청주 4숟가락, 마늘 4쪽, 물 2ℓ

○ 만드는 법

1. 멸치는 내장만 제거해 마른 팬에 1~2분 정도 센불로 볶는다. 건져서 펼쳐 식힌다.
2. 다시마는 겉면의 흰 가루를 행주로 닦아내고, 마늘은 꼭지를 제거한다.
3. 냄비에 물과 멸치, 다시마, 마늘, 청주를 넣고 센불로 15분 정도 끓인다. 끓기 시작하면 거품을 걷어낸다.
4. 체에 걸러 건더기는 버리고 육수는 냉장 보관해서 사용한다.

집밥 맛있게 짓는 법

🍚 쌀은 현미로 먹는 것이 몸에 가장 좋아요

일반적으로 껍질이 있는 그대로 도정을 많이 하지 않은 것이 현미이고, 50% 이상의 껍질을 깎아 도정한 것이 백미입니다. 우리가 먹는 대부분의 백미는 8분도, 9분도라고 보면 돼요. 이 상태에서 좀더 깎아 껍질을 완전히 제거한 것이 10분도인데, 이걸로 밥을 하면 정말 말 그대로 윤기가 자르르 흐르는 흰 쌀밥이 완성됩니다.

쌀은 도정을 많이 할수록 쌀눈이 깎이고 껍질에 있는 식이섬유와 여러 가지 무기질이 빠져나가버려요. 특히 쌀눈에 많이 함유된 단백질과 비타민B군은 물에 잘 손실될 뿐 아니라 껍질을 도려내면 자연스럽게 없어져버립니다. 그러니 도정을 많이 해서 맛이 부드러운 백미보다는 거칠지만 영양가가 많은 현미가 좋다는 얘기는 두말하면 잔소리겠죠.

🍚 밥 맛있게 짓는 방법, 이미 당신도 알고 있어요

품질 좋은 쌀을 준비했다면, 이제 밥맛을 결정짓는 건 쌀 씻기, 물 양 맞추기, 불 조절, 이 셋에 달렸어요. 사실 불 조절은 전기밥솥이 다 해주니 고민이 줄지만, 쌀 씻기, 물 양 맞추기는 어떻게 해야 할지 난감할 때가 많을 텐데요. 지금부터 실패 확률을 0%로 낮출 수 있는 공식을 소개합니다.

1) 쌀 씻기
대개는 무심하게 수돗물을 틀어서 쌀을 여러 번 씻은 뒤 밥을 안칠 때만 정수기 물을 사용합니다. 하지만 이런 행동이 좋은 쌀의 품질까지 떨어뜨린다는 사실은 대부분 모르고 있는데요. 쌀은 수분을 끌어당기는 성질이 있어 물을 잘 흡수하는 만큼, 처음 닿는 물을 가장 많이 빨아들이죠. 따라서 쌀을 씻는 첫 물은 가장 맛있고 깨끗한 물로 하는 것이 옳습니다. 어떤 물로 쌀을 씻느냐에 따라 밥맛의 50% 이상이 좌우되는 것이죠. 좋은 물로 씻어서 밥을 하면 윤기가 반지르르 흐르는 달고 맛있는 밥이 된다는 점, 잊지 마세요.

2) 물 양 맞추기
물의 양을 맞추는 방법에도 공식이 필요합니다. 전기밥솥이나 냄비, 혹은 압력밥솥에 맞게 공식을 정리해봤어요. 아래 숫자는 모두 높이를 기준으로 하면 됩니다. 쌀이 담긴 그릇의 윗면을 기준으로 계산하면 착오를 줄일 수 있어요.

- **전기밥솥과 냄비에 밥을 지을 때**
  - 햅쌀 1 : 물 1.2
  - 묵은쌀 1 : 물 1.5
  - 현미 1 : 물 1.5
  - 찹쌀 1 : 물 1

- **압력밥솥에 밥을 지을 때**
  - 햅쌀 1 : 물 1
  - 묵은쌀 1 : 물 1.2
  - 현미 1 : 물 1.2
  - 찹쌀 1 : 물 0.8

🍚 밥만 먹어도 충분하도록 밥을 더 맛있게 짓고 싶다면

밥을 지을 때 다시마 가로세로 10cm짜리 1장과 청주 1숟가락을 넣어보세요. 발효된 곡주의 향이 살짝 나고 윤기가 흐르는 단맛 풍부한 밥이 완성될 겁니다. 초밥이나 김밥용 밥을 지을 경우에도 쌀과 물을 동량으로 넣되 다시마와 청주를 함께 넣으면 훨씬 맛이 좋아져요. 보통 식용유를 약간 넣으면 밥이 기름지고 맛있어진다고 알고 있는데, 쌀에도 약간의 지방 성분이 포함되어 있으므로 굳이 기름까지 첨가할 필요는 없습니다.

두 번 걸음 안 하게 되는
장보기 습관

통신애가 애용하는 양념

샘표 참숯으로 두 번 거른 양조간장
조미료가 들어 있지 않고, 숙성시킬 때 밀을 넣어 발효시켜 만드는 양조 방식의 간장. 깔끔하고 깊은 맛이 나요.

맥된장
전통 방식으로 숙성시켜 짜지 않고 맛있어요. 국이나 찌개, 무침 요리에 고루 사용 가능합니다.

다시마 가루, 멸치 가루
다시마와 멸치를 되도록 직배송으로 구입해서 갈아둡니다. 냉동실에 넣어 두고 천연 조미료로 사용하면 돼요.

후추
통후추를 사서 직접 갈아 사용합니다. 저는 미우에서 나온 분쇄기를 이용해요.

올가 발아 참기름
국산 참깨를 직접 짜서 만드는 참기름을 사용합니다. 저는 보통 소포장으로 구입해 선반에 보관합니다. 산화 때문에 개봉하면 한 달 이내에 다 쓰는 것이 좋아요.

백화수복 청주
쌀을 발효시켜 만든 맑은 술

샘표 사과식초
신맛은 덜하고 자연스러운 식초 맛을 내줍니다. 이 제품 이외에도 식초를 구입할 때는 반드시 뒷면을 살펴보고 '발효 식초'라고 써 있는 것을 구입하시면 좋아요.

샘표 찹쌀고추장
살짝 달달한 맛이 나고 빛깔이 밝아서 대부분의 요리에 안정된 맛을 내요. 다른 고추장을 쓰더라도 청주와 사과주스 등을 넣어 사용하면 짜지 않고 좋아요.

유기농 원당
코스트코나 수입용품 가게에서 파는 유기농 원당을 설탕이 필요할 때 써요.

폰타나 올리브유
올리브를 짜서 얻은 첫번째 기름으로, 항산화물질인 올레인산이 많아 몸에 좋아요.

폰타나 포도씨유
발화점이 높아 상대적으로 일반 식용유보다 산패가 덜한 다목적 기름. 대부분의 요리에 포도씨유를 사용해요.

✓ 장보기 전 체크해야 할 우리 집 재료 리스트

있을 땐 모르지만 없으면 당장 요리하기 힘든 재료들. 장보기 전 얼마만큼 남았는지 미리 체크해보세요.

지퍼백 • 종이 호일 • 랩 • 페이퍼 타월 • 간장(양조간장, 국간장) • 된장 • 고추장 • 고춧가루 • 식초 • 포도씨유 • 올리브유 • 설탕 • 소금 • 후추 • 고추냉이와 겨자 • 새우젓

알뜰한 장보기 습관을 위해 기억해야 할 것들

1 냉장고 안의 사정부터 파악한다

시장이나 마트에 가서 물건을 사기 전 반드시 냉장고를 열어 무엇이 들어 있는지 확인해보세요. 간단한 냉장고 점검만으로도 재료를 중복으로 구입하는 것을 피하고 정해진 메뉴에 따라 규모 있게 장을 보게 되어 돈 낭비를 줄일 수 있습니다.

2 장바구니를 챙겨 다니자

매일 쓰고 버리는 비닐봉투만큼 환경에 해를 끼치는 것도 없고, 분해 봉투도 50원 정도에 구입해야 하죠. 그러니 조금 번거롭더라도 장바구니 챙기는 습관을 들여보세요. 당장은 봉투 값이 절약되고, 멀게는 환경까지 지킬 수 있습니다. 또한 요즘 같은 시대에 장바구니를 들고 다닌다는 건 환경과 경제까지 생각하는 개념 있는 여자로도 보이게 하니, 꽤 효과적이죠?

3 많은 양을 한꺼번에 사지 않는다

대형 마트는 값은 저렴하지만 대용량으로 포장되어 있어 많은 양을 한 번에 사야 하는 경우가 대부분입니다. 살 때는 싼 듯 보여도 막상 집에 두면 부피를 너무 크게 차지하거나 다 먹기도 전에 상해버리는 일이 비일비재하니 돈을 아끼는 것도 아닌 셈이 됩니다. 싸다고 너무 많이 사두면 반드시 후회할 거예요. 조금씩 사는 버릇을 들여보세요.

4 저녁 마감 세일을 노린다

마트나 슈퍼에선 신선 식품을 매일 저녁 7시 정도부터 떨이로 판매하는데요. 대부분의 제품이 신선도가 보장되어 있어 오늘 내일 요리해 먹기에는 큰 지장이 없어요. 당장 필요한 재료가 있다면 이 시간을 노려서 장을 보는 것도 실속을 챙기는 방법입니다.

5 동네의 작은 슈퍼마켓이나 채소 가게를 늘 눈여겨본다

동네 슈퍼는 규모가 작고 동네 사람들만 상대하는 만큼 믿을 만한 물건을 알맞은 양으로 진열해 판매합니다. 이런 작은 슈퍼마켓을 이용해보세요. 외부 진열대를 잘 이용하면 신선한 제철 재료들을 적절한 가격으로 손쉽게 구입할 수 있어 돈과 시간을 절약할 수 있습니다.

6 단골 가게를 만들어 원하는 양과 크기로 구입할 수 있는 여건을 마련한다

한국 사람들의 후한 인심 덕을 볼 수 있는 방법입니다. 평소에 얼굴을 익히고 인사를 주고받는 단골 가게를 만들어두세요. 그러면 고기를 사면서 파채나 감자 등을 얻고, 두부 한 모가 아닌 반모를 살 수 있는, 말도 안 되는 일이 가능해집니다. 특히 생선 가게나 정육점을 단골로 두면 더욱 경제적이고 똑똑하게 장을 볼 수 있어요.

7 식품 성분표를 보고 구입한다

레토르트식품이나 가공식품은 간편하게 조리할 수 있는데다 먹을수록 끌어당기는 맛 때문에 자주 찾게 되지만, 몸에 좋지 않고 병까지 유발할 수 있어요. 그렇다고 그 맛을 안 이상 아예 끊을 수도 없는 노릇이죠. 완전히 끊을 수 없다면 영리하게 먹을 방법을 궁리해봅시다. 가장 편한 방법으로는 식품 성분표를 확인하는 거예요. 낯선 성분명이 무엇을 뜻하는지 굳이 알지 않아도 됩니다. 그저 되도록이면 자연 재료가 표기된 제품을 고르면 돼요. 약간의 시간과 노력을 들이면 건강을 챙길 수 있습니다.

내 몸을 위해 줄여볼까
가공식품 알고 먹기

소시지 알고 먹기

우리가 알고 있는 육고기는 색이 붉지만 불에 익히면 회색으로 변합니다. 직접 고기를 구워 먹을 때면 이런 색의 변화가 자연스럽게 느껴지며 아무렇지도 않게 회색 고기를 먹곤 합니다. 그런데 소시지와 같은 가공식품의 경우 회색보다는 붉은색이 더 먹음직스러워 보여요. 그렇기에 소비자들의 구매 욕구를 자극하기 위해 일반적으로 식품 회사에서는 아질산나트륨이라는 발색제를 첨가해 가공 육류를 만들고 있습니다.

아질산나트륨은 납 성분의 일종으로, 독극물로 분류되고 있어요. 그렇기에 식품첨가물로 허용된 양은 극소량입니다. 사실 우리가 비록 미량일지라도 납을 먹는다고 생각하면 펄쩍 뛰며 놀랄 일인데요. 하지만 아질산나트륨이 있어야 소시지나 햄 등에 붉은 고기 빛깔을 낼 수 있기 때문에 몸에 해로운 줄 알면서도 첨가할 수밖에 없어요. 아질산나트륨이 허용된 품목은 육가공 식품에 한정되어 있기 때문에 다른 식품에는 전혀 들어가지 않습니다. 건강에는 크게 지장을 주지 않지만, 이 사실을 안 이상 가공식품을 너무 많이 먹는 건 자제해야겠죠? 햄, 소시지 등이 익었는데도 붉은색을 띤다는 것이 부자연스럽다는 걸 인식하고, 섭취량을 조금씩 줄이는 습관을 들이자고요.

참치 통조림 알고 먹기

다랑어과 생선인 참치는 몸의 조절 능력을 돕고, 노화를 방지하며, 치매 예방에도 좋다고 알려져 있습니다. 또한 오메가3 지방산과 단백질이 풍부해서 성장기 어린이들에게 좋고, 이는 육고기의 포화지방산에 비해 몸에 덜 축적되기 때문에 다이어트에도 도움이 됩니다. 보통 이런 참치를 통조림으로 먹으면 생물보다 영양분 섭취가 힘들다고 알려져 있지만, 사실 통조림 제조 과정 중에 손실되는 것은 열처리에 의한 비타민과 일부 무기질 뿐이에요. 몸에 좋은 지방산과 단백질은 대부분 그대로 같이 보존되므로 비타민 섭취가 목적이 아니라면 이왕이면 챙겨 먹는 것이 좋습니다. 또한 요즘은 칼로리를 낮추기 위해 기름 대신 물 혹은 진공으로 포장해서 판매하기도 합니다. 하지만 지방산이나 단백질은 기름에 보존하는 것이 손실이 더 적으므로 영양분 섭취를 원한다면 굳이 특수 포장 제품을 선택하지 않아도 됩니다. 기름이 염려되는 사람들을 위해 포도씨유나 올리브유 등 비교적 질 좋은 식물성기름에 담겨 판매되는 상품들도 있으니 골라서 먹으면 돼요.

참치 통조림의 포장 띠를 주의 깊게 살펴보면 개중 '알바코어'라고 쓰여 있는 것들이 있어요. 이는 참치의 가운데 부위 살코기를 넣었다는 뜻으로, 가격이 조금 비싸지만 닭 가슴살을 먹는 것과 같은 튼실하고 포동포동한 식감을 느낄 수 있습니다. 조금 뻑뻑해도 칼로리가 낮고 큼지막한 살코기 식감이 좋다면 알바코어를, 뻑뻑한 느낌이 싫다면 일반 참치 통조림을 고르면 돼요. 또 참치 통조림 겉면을 보다 보면 '황다랑어', '참다랑어'라고 쓰여 있는 제품들이 있어요. 이 생선들은 일반 참치보다 크기가 작은 종자라 굽거나 쪄서 먹으면 훨씬 더 고소한 맛을 느낄 수 있어요. 하지만 이미 조리되어 통조림으로 포장된 참치의 어종을 따지는 건 별 의미도 없고 맛의 차이도 거의 없습니다. 혼란 없이, 큰 구분 없이 선택하면 됩니다.

시판 육수 알고 먹기

최근 들어 가장 많이 입에 오르내리는 'MSG'는 '글루타민산나트륨'이라고도 불리는 식품첨가물로, '글루탐산'이라는 단백질의 일종인 아미노산 성분에 소금, 즉 나트륨을 결합시켜 만들었어요. 글루탐산은 우리가 흔히 맛을 내는 데 사용하는 표고버섯, 닭고기, 다시마, 쇠고기 등에 다량 함유된 자연스러운 단백질 성분입니다. 우리가 흔히 말하는 "입에 착 붙는 감칠맛"이란 이런 버섯류나 고기에 들어 있는 아미노산 성분에서 나오는 맛이에요. MSG는 이런 아미노산 성분에 나트륨을 더해 감칠맛을 증폭시켜 인위적으로 맛을 증대시키는 역할을 합니다. 지금까지 MSG로 인한 부작용은 공식적으로 보고된 바 없지만, 졸음이 밀려오거나 물을 과하게 들이켜는 등의 일시적인 증상을 호소하는 사람은 많습니다. 하지만 의학적으로는 확실한 원인이 밝혀지지 않아 아직까진 MSG 자체를 먹는 것이 위험하다 아니다를 논할 수는 없어요.

1920년에 처음으로 이 성분을 개발해 판매한 곳이 일본 아지노모토 사(社)여서 글루타민산나트륨을 '아지노모토'라고 부르기도 하며, 우리나라에서는 흔히 '미원'으로 알려져 있습니다. 요즘에는 미원 수준의 조미료 육수는 찾아보기 힘들어요. 그동안 시판 육수는 많은 진화를 거듭했고, 버섯이나 고기 등 감칠맛을 내는 주원료를 건조시켜 가루로 갈아놓은 제품, 콩을 발효해 단백질 특유의 감칠맛을 준다는 제품, 사골을 끓여 그대로 젤리 형태로 만든 제품 등 맛도 형태도 다양해졌지요. 이처럼 간편한 시판 육수는 사용도 보관도 편리합니다. 하지만 모든 조미료는 자연의 맛을 표방해서 연구되므로 되도록이면 자연 재료로 직접 만들어 사용하는 것이 가장 좋습니다. 육수를 우려내고 보관하고 상하기 전에 사용하는 것이 복잡하고 까다로운 일이긴 하지만 모두 우리 몸으로 들어가는 것들이니 한 번쯤은 나를 위한 노력을 기울이는 일도 필요하겠죠.

커피 프림 알고 먹기

요즘은 커피 광고에서도 "카제인나트륨이 들어 있지 않다"며 성분을 강조하는 카피를 볼 수 있는데요. 그만큼 커피 프림이 몸에 이롭다 나쁘다에 대한 공방이 치열하다고 볼 수 있습니다. 그중 가장 화두가 되는 성분이 바로 '카제인나트륨'입니다.

그런데 알고 보면 우유에 많이 포함된 단백질 성분이 '카제인'이에요. 그러니까 카제인나트륨은 우유 단백질 성분 중 하나인 '카제인'에 나트륨을 더한 식품첨가물인 셈입니다. 우유에서 수분을 뺀 뒤 나트륨을 더해 오랫동안 가루로 보존할 수 있게 처리한 화학적 합성 성분이지요. 보통 아기용 분유, 요리용 탈지분유, 커피용 프림 등으로 바쁜 현대인들을 위한 간편 식품으로 생산됩니다. 쉽게 상하는 우유 대신 실온에서 오랫동안 보존할 수 있는 가루 상태의 우유를 사용하는 것이 아무래도 편리하니 많은 사람들이 애용하고 있죠. 카제인나트륨은 현재까지 유해성이 보고된 바 없지만, 잠깐만 생각해도 당연히 화학적 합성 성분인 카제인나트륨보다는 자연 상태의 우유를 마시는 것이 좋겠죠. 그게 힘들다면 적어도 커피를 마실 땐 프림 넣는 횟수를 줄였으면 해요. 내 몸을 위해서!

내 몸에 맞게 가공식품 먹는 습관 (열흘에 한 번 정도가 적당해요)

저는 가공식품을 무척 좋아하는 편이라, 건강을 위해 유기농만 먹는 건 제게 고문과도 같아요. 대신 저는 건강을 챙기기 위해 가공식품은 횟수를 정해서 먹는답니다. 더 먹고 싶어도, 내 몸을 위해선 이 이상은 참는 게 좋아요.

- **통조림 햄** 한 달 1~2회
- **참치 통조림** 한 달 1~2회
- **레토르트 카레** 한 달 1~2회
- **꽁치 통조림** 한 달 1회
- **닭 가슴살 통조림** 한 달 1~2회
- **컵라면** 일주일 1회

근사한 상차림을 위한
기본 식기 사용법

요즘에는 한식 위주의 식탁이라고 해도 밥, 국, 반찬을 한식기에 정식으로 담아 사용하는 경우보다 양식기와 섞어서 쓰는 게 대부분입니다. 게다가 덮밥 등의 한 그릇 음식이 유행하면서 서양의 정찬 테이블에나 주로 사용되는 수프 그릇이 한식용 면기나 대접을 대신하기도 해요. 또 넓은 서양식 디너 접시 하나에 밥과 반찬을 한꺼번에 담아 먹어 뒤처리까지 편리한 간편한 담기도 유행입니다. 식기는 사실 먹는 데 불편함이 없을 정도로 준비하는 것이 가장 좋습니다. 다음의 네 가지 경우로 가정에서의 일반적인 식기 사용법을 알아볼까요.

한식기

밥, 국, 반찬으로 이루어진 한식의 구성에 맞춰 그릇도 밥, 국, 반찬 그릇으로 이루어져 있습니다.
밥그릇의 경우 국그릇보다 조금 작지만 높이가 더 높고, 국그릇은 밥그릇보다 폭이 넓고 높이는 낮아요. 특히 우리나라는 오른손잡이 위주의 식탁 문화가 발달되었기에 국그릇이 밥그릇보다 낮게 제작되어 오른손으로 반찬을 집어먹기에 불편함이 없도록 디자인되어 있습니다. 반찬 그릇의 경우 크게 멸치볶음이나 김부각 등 마른 반찬용 그릇, 불고기나 전 등을 담는 뜨거운 반찬용 그릇, 김치나 장아찌류를 담는 그릇 등 종류나 먹는 양에 따라 크기나 모양의 변화가 있어요. 또한 우리가 흔히 '보시기'라고 부르는 김치를 담는 작은 그릇은 알고 보면 절임 반찬의 일본식 표기이므로 한식기에는 적합하지 않은 이름입니다.
우리나라 음식은 다채로운 색이 특징이자 자랑이고, 음식을 할 때도 밥과 반찬, 국 등 다양한 형태의 조리법을 이용하므로 그릇은 색상과 질감이 간단한 것이 적당합니다. 한식을 위한 그릇의 재질은 주로 도자기를 쓰는데, 흙의 투박한 느낌이 살아 있고 자연스러운 마감을 한 전통적인 한식 도자기도 좋고 똑 떨어지는 모양과 느낌의 흰색 그릇도 한식과 어울립니다. 한계를 두고 그릇을 고르기보다는 서로 잘 어울릴 수 있고 한두 가지씩 특징이 있는 그릇들을 모아 섞어서 사용하면 식탁이 더욱 근사해집니다.

유리그릇

유리그릇은 청량감을 줄 뿐 아니라 음식을 담았을 때 음식 모양을 고스란히 드러내는 역할을 해서 포인트용 그릇으로 쓰기에 좋습니다. 특히 물컵은 투명한 질감 덕분에 음료의 색이나 맛뿐만 아니라 온도까지 그대로 전달해주는데요. 음료를 담는 용도 이외에도 티라미수처럼 색이 예쁜 음식을 담거나 꽃을 꽂는 등 다용도로 쓸 수 있는 아이템입니다. 다만 주의할 점은 차갑거나 실온으로 된 음식, 음료를 유리그릇에 담는 것이 보기에도 좋습니다. 뜨거운 음식 같은 경우에는 도자기에 담는 게 훨씬 안정감이 들지요.

뚝배기나 주물냄비

온도를 유지하면서 먹어야 하는 전골이나 탕을 뚝배기, 주물냄비 등에 담아 상에 올리면 시각적으로도 푸짐하게 느껴질 뿐만 아니라 덜어 먹는 재미까지 느낄 수 있어요. 식탁에 냄비 하나만 올려놓아도 상 자체가 가족 모두를 위한 것인 것처럼 친근해지는 효과 또한 쏠쏠합니다.

있는 그릇을 적절히 섞어서

식사를 준비할 때 상에 그릇 세트를 모조리 올리는 것만큼 진부한 세팅도 없습니다. 그릇이 통일되어 있으면 안정감보다는 지루한 느낌을 주니 다양한 종류의 그릇을 쓰는 것이 좋아요. 흰색 그릇이 많으면 뚝배기나 유리그릇으로 포인트를 주고 무게감을 더는 방법도 있고요, 또 그릇의 높이가 거의 비슷해서 리드미컬한 재미가 없다면 밥그릇을 뒤집어놓고 밥풀을 으깬 뒤 작은 접시를 올려서 다리가 있는 그릇을 즉석에서 만들어 쓰는 것도 한 방법입니다. 이렇게 한두 가지 음식이 높낮이가 다른 그릇에 올라가 있으면 개성 있고 재미있는 상차림이 가능하죠.

01

가정식의 정석

매일매일 두고 먹는
밑반찬

화산달걀찜

고깃집의 백미는 바로 따뜻한 밥 한 그릇과 보글보글 끓어오르는 달걀찜이죠.
이런 화산달걀찜을 집에서도 만들 수 있는데요, 이때 꼭 필요한 건 마무리를 위한 설거지용 스펀지입니다.
요리의 시작은 아이디어, 요리의 끝은 언제나 설거지라는 걸 잊지 마세요.

주재료
달걀 6개
다시마 10cm×10cm 2장
멸치(국물용) 4마리

부재료
청주 1숟가락
간장 0.3숟가락
참기름 0.3숟가락
다진 쪽파 1숟가락
고춧가루 약간
소금 약간

1 뚝배기에 물(2컵)과 다시마, 멸치를 넣고 10분 정도 끓인다.

2 물이 절반으로 졸아들면 다시마, 멸치를 건진 뒤 청주와 간장을 넣는다.

3 달걀은 알끈을 제거하고, 세게 저어서 거품을 낸다. 소금으로 간한다.

4 뚝배기에 달걀물을 넣고 재빨리 저어준다.

5 달걀이 부풀어 익기 시작하면 젓는 것을 멈추고 뚜껑을 덮는다.

6 뚜껑까지 달걀이 차오르면 뚜껑을 연다. 참기름, 고춧가루, 다진 쪽파를 얹은 후 불을 끈다.

가지쇠고기볶음

가지는 물컹거리는 특유의 식감 때문에 어릴 적에 잘 안 먹던 채소 중 하나인데요.
하지만 양념을 잘하고 쇠고기와 함께 볶으면 씹는 맛이 생겨 먹기 수월하고, 풍미도 좋아집니다.

주재료
가지 2개
쇠고기 등심(불고기용) 200g

부재료
양파 ½개, 홍고추 1개, 풋고추 1개,
포도씨유 1숟가락, 참기름 약간,
소금 약간, 후춧가루 약간

불고기 양념
간장 1숟가락 + 설탕 0.3숟가락 +
다진 마늘 약간 + 청주 1숟가락 +
참기름 1숟가락

1 가지는 씻은 뒤 동그란 모양으로 썰어 소금과 후춧가루를 약간 뿌려준다.

2 쇠고기는 칼로 다지듯이 두드려서 연하게 만들어준 후 불고기 양념에 버무려둔다.

3 양파는 길고 가늘게 채 썰고 홍고추와 풋고추는 어슷하게 썰어둔다.

4 달군 팬에 포도씨유를 두르고 양파, 풋고추, 홍고추를 먼저 15초간 볶다가 가지와 쇠고기를 넣고 익을 때까지 볶는다. 참기름과 후춧가루를 둘러 마무리한다.

견과류멸치볶음

자잘한 멸치를 간간하게 볶아 냉장고에 넣어두면 다른 반찬 없이도 밥상이 허전하지 않아요.
여기에 견과류를 더하면 다른 집과 차별화된 우리 집만의 상비 반찬 완성!

4인분 | 10분

주재료
잔멸치 2컵(150g), 아몬드 ½컵,
호두 ½컵, 풋고추 2개

부재료
포도씨유 2숟가락, 참기름 0.5숟가락,
설탕 3숟가락, 통깨 1숟가락

멸치 양념
간장 2숟가락 + 설탕 1숟가락 +
다진 마늘 0.5숟가락 + 청주 1숟가락

1 마른 팬을 달궈 잔멸치, 아몬드, 호두를 30초간 볶는다.

2 풋고추는 씨를 털지 않은 채로 큼지막하게 썬다.

기호에 맞춰 청양고추나 꽈리고추를 써도 좋다.

3 닦아낸 팬에 포도씨유를 둘러 풋고추를 30초간 볶다가 멸치 양념을 넣는다. 저으면서 10초간 끓인다.

양념을 미리 끓여놓았다가 부으면 멸치가 딱딱해지지 않는다.

4 멸치와 견과류를 넣고 3~4분간 볶다가 불을 끈다. 참기름, 통깨, 설탕을 넣어 섞어준다.

다 녹지 않는 설탕의 결정화 덕분에 멸치가 바삭해진다.

강된장

강된장은 큰아이를 임신했을 때 자주 해 먹던 메뉴예요.
불 앞에 서 있기도 힘든 여름, 간단히 부르르 끓이기만 하면 끝!
다양한 쌈 채소를 곁들이면 금세 건강한 한 상이 완성됩니다.

2인분 | 20분

주재료
멸치(볶음용) 1컵
된장 3숟가락

부재료
청양고추 3개, 고추장 0.5숟가락,
고춧가루 0.5숟가락, 다진 마늘 1숟가락,
다시마 국물 1컵, 후춧가루 약간

1 멸치는 머리와 내장을 제거한 후 큼직하게 자르고, 청양고추는 잘게 다진다.

2 멸치를 마른 뚝배기에 넣고 30초간 볶다가 다시마 국물을 붓고 된장, 고추장, 고춧가루를 푼다.

3 청양고추와 다진 마늘, 고춧가루를 넣고 계속 끓인다.

4 후춧가루로 간을 하고 자작해질 때까지 끓여 낸다.

오이고추된장무침

아삭아삭한 오이고추에 양념 된장을 입히면 더 맛있어지는 반찬이죠.
버무려두면 금세 물이 생기므로, 그때그때 버무려 먹어야 더 맛있습니다.

 2인분 | 5분

주재료
오이고추 4개
된장 2숟가락
미소된장 1숟가락

부재료
다진 마늘 0.3숟가락
간장 1숟가락
참기름 1숟가락

1 오이고추는 잘 씻은 후 한입 크기로 잘라 준비한다.

2 된장, 미소된장, 다진 마늘, 간장, 참기름을 잘 섞어서 양념을 만든다.

3 잘라둔 오이고추에 양념을 넣고 버무린다.

쇠고기장조림

정성스럽게 만든 고기보다 메추리알을 더 잘 먹는 손자를 보면 어린 시절의 나를 보는 것 같다고 웃음 지으시는 우리 엄마. 냉장고에 있다는 것만으로도 든든해지는 반찬이에요.
아이들을 위해 정성껏 만든 쇠고기장조림은 진한 엄마의 맛이 납니다.

주재료
쇠고기 우둔살(장조림용) 1근
삶은 메추리알 20개

부재료
마늘 10쪽
대파 1대
생강 1톨
풋고추 5개
간장 1컵
청주 ½컵
설탕 6숟가락

1 쇠고기는 찬물에 2시간 정도 담가 핏물을 제거한다.

2 냄비에 물(8컵)과 청주를 넣고, 끓기 시작하면 쇠고기와 마늘(5쪽), 대파를 넣어 20분간 센불에서 삶는다.

3 육수는 그대로 둔 채 마늘과 대파는 건져서 버리고, 쇠고기는 식혀서 손으로 찢는다.

4 육수에 쇠고기, 삶은 메추리알, 마늘(5쪽), 생강, 풋고추, 간장, 설탕을 넣고 끓인다.

5 끓기 시작하면 중불로 낮춰 10분간 더 끓인다. 국물이 반으로 졸아들면 약불로 줄이고 자작해질 때까지 끓인다.

연근조림

연근 끄트머리에 칼집을 넣어 살살 다듬어 조리면 윤기가 자르르 흐르는 연근 꽃이 됩니다.
몇 개만 이렇게 모양 내어 조리고, 그릇에 담을 때 이 연근 꽃을 맨 위쪽에 올리면 밥상이 근사해진답니다.

4인분 | 50분

주재료
연근 1통(600g)
참기름 1숟가락
식초 ½컵

조림 양념
간장 ½컵 + 설탕 5숟가락 +
식초 3숟가락 + 물 ½컵

1. 흐르는 물에 연근을 씻은 뒤 도톰하게 썰어 식초물에 담근다.

2. 냄비에 물(3컵)을 넣고, 끓기 시작하면 식초와 연근을 넣어 20분간 데친다.

3. 데친 연근에 조림 양념을 넣고, 설탕이 다 녹을 때까지 저으면서 끓인다.

4. 국물이 반 이상 졸아들면 참기름을 두른다. 자연스럽게 윤기가 돌므로 물엿은 넣지 않아도 된다.

호두콩조림

사시사철 호두, 아몬드 등의 견과류를 바꿔가며 조려두면,
큰 고민 없이 질리지 않는 밥반찬 완성!

 4인분 | 40분

주재료
검은콩 1컵
호두 1컵

부재료
다시마 10cm×10cm 2장
간장 5숟가락
설탕 3숟가락
참기름 0.3숟가락

하룻밤 동안 불리려면, 냉장고에 넣어둬야 싹이 트지 않는다.

1 깨끗하게 씻은 검은콩에 충분한 양의 물을 붓고 2~3시간 정도 불린다.

2 냄비에 검은콩, 콩 불린 물(2컵), 간장, 설탕, 다시마를 넣고 15분 정도 삶는다.

3 국물이 절반 정도로 졸아들면, 불을 줄여 10분간 더 삶는다. 사이사이 거품을 걷어낸다.

4 윤기가 돌면, 호두와 참기름을 넣고 잘 뒤적이면서 더 조린다. 3~4분 뒤 통깨를 넣는다.

고등어쌈장

고등어를 조리듯이 끓여 만드는 고등어쌈장.
고등어는 통조림을 사용하는 것이 간편하며, 매콤한 고추를 넣으면 맛이 더 살아납니다.

2인분 | 20분

주재료
고등어 1마리

부재료
마늘 2쪽, 청양고추 2개, 양파 ½개,
쪽파 2대, 생강 1톨, 애호박 ¼개,
다시마 국물 2컵, 참기름 1순가락,
소금, 후춧가루, 청주 약간씩

양념장
된장 2순가락 + 고추장 2순가락 +
고춧가루 0.5순가락 + 청주 4순가락 +
국간장 0.5순가락 + 후춧가루 약간

뼈를 중심으로 칼을 넣고 뼈를 따라서 가르듯 자르면 쉽게 포가 떠진다.

1 고등어는 포를 떠서 소금, 후춧가루, 청주로 밑간을 한다.

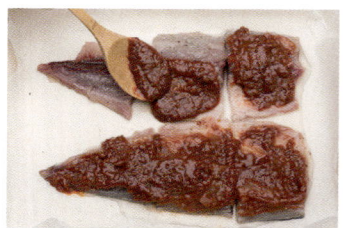

2 양념장을 만들어 절반은 고등어에 바른다. 짧게는 30분, 길게는 하룻 밤 정도 숙성시킨다.

3 달군 뚝배기에 참기름을 두르고 양념한 고등어를 넣는다.

4 고등어 겉면이 살짝 구워지면 다시마 국물과 양파, 마늘, 애호박, 청양고추, 생강, 쪽파를 모두 다져서 넣고 끓이다가 남은 양념을 넣는다.

감자채볶음

1년 내내 분주한 아침 시간, 따뜻한 밥에 감자채볶음을 얹어 먹으면 속이 금방 든든해집니다. 후다닥 만들 수 있어 더 자주 찾게 되는 반찬이에요.

4인분 | 15분

주재료
감자 3개
마늘 3쪽
양파 ½개
당근 ¼개

양념
소금 0.3숟가락 + 후춧가루 약간 + 설탕 3숟가락 + 통깨 1숟가락

감자의 전분기를 빼야 서로 달라붙지 않는다.

1 감자는 채 썰어 찬물에 담가놓는다.

2 마늘은 편으로, 양파와 당근은 채로 썬다.

3 달군 팬에 식용유를 약간 두르고 마늘을 볶아 향을 낸다. ♦♦♦

4 감자, 양파, 당근을 넣고 감자가 익을 때까지 10분 정도 볶는다. 소금과 후춧가루로 간한다. ♦♦

애호박나물무침

살강살강 씹히는 맛이 살도록 살짝 볶는 것이 핵심입니다.
입맛이 없을 땐 애호박나물에 고추장만 넣어 비벼 먹어도 맛이 좋아요.

4인분 | 20분

주재료
애호박 1개

부재료
다진 마늘 0.3순가락
소금 0.3순가락
후춧가루 약간

애호박을 세로로 칼질하지 않아야 씨가 빠져나오지 않아 요리하기 편하다.

1 애호박은 반달 모양으로 얇게 썬 뒤 소금에 5분 정도 절였다가 물기를 짜낸다.

센불에서 단시간에 볶아야 맛도 모양도 좋다.

2 기름을 두른 팬에 애호박을 볶는다. 🔥🔥🔥

3 다진 마늘을 넣고 잠시 더 볶다가 불을 끈다. 소금과 후춧가루로 간 하고, 기호에 따라 참기름을 넣어도 좋다. 🔥🔥🔥

오징어채무침

어른들은 매콤한 맛, 아이들은 부드럽고 달콤한 맛으로 조리할 수 있는 오징어채무침.
한 번에 두 가지 맛으로 만들어두면 편하게 먹을 수 있어요.

4인분 | 20분

주재료
오징어채 2줌
호두 ½줌
참기름 1숟가락
깨소금 약간

매운 양념장
참기름 1숟가락 + 고추장 2숟가락 +
설탕 1숟가락 + 간장 0.5숟가락 +
사과주스 1숟가락

마요네즈 양념장
설탕 0.5숟가락 + 마요네즈 2숟가락 +
다진 마늘 약간 + 핫소스 약간

손으로 조물조물 주물러주면 오징어채가 부드러워진다.

1 오징어채는 먹기 좋은 길이로 잘라 참기름을 넣고 무친다.

2 달군 팬에 호두를 살짝 볶는다.

3 ①에 양념장과 볶은 호두를 넣고 버무린 뒤 깨소금을 뿌린다. 매운 양념장 대신 마요네즈 양념장을 넣으면 부드러운 맛의 마요네즈 오징어채무침이 완성된다.

푸딩달걀찜

일식집에서 나오는 푸딩 같은 달걀찜!
집에서 만들어도 누구나 성공하는 레시피를 공개합니다.

주재료
달걀 3개
물 2컵
가쓰오부시 1컵
양파 ½개
설탕 0.2숟가락
소금 0.2숟가락

달걀을 체에 거를 땐 위에서 젓는 것보다 아래를 훑어줘야 더 빨리 잘 내려온다.

1 달걀은 설탕을 섞어서 곱게 풀어준 뒤 체에 한 번 내린다.

2 물에 양파를 넣고 10분간 끓인 뒤 불을 끈다. 가쓰오부시를 넣고 5분 뒤 체에 걸러 국물을 만든다.

윗면에 물이 떨어지는 것을 방지하기 위해 한지로 덮어서 찌면 더 좋다.

3 달걀에 가쓰오부시 국물을 섞어서 체에 한 번 더 내린다. 소금으로 간 한 뒤 찜기에 ⅔ 정도만 담는다.

4 김이 오른 찜통에 찜기를 넣고 10분 동안 찐다.

깻잎찜

정성스럽게 쪄서 숙성시킨 깻잎도 맛있지만,
바쁠 때는 전자레인지로 후다닥 만들어 먹는 깻잎찜도 근사한 맛이 납니다.

4인분 | 10분

주재료
깻잎 2묶음(30장)
풋고추 3개

양념장
간장 5숟가락 + 고춧가루 0.5숟가락 +
설탕 0.5숟가락 + 다진 마늘 0.5숟가락 +
다진 파 0.5숟가락 + 참기름 1숟가락 +
깨소금 약간

1 깻잎은 흐르는 물에 씻어 물기를 털고, 풋고추는 반으로 썰어 씨를 턴다.

2 깻잎 2장을 포개어놓고 양념장을 바른 뒤 잘게 자른 고추를 얹는다. 이 과정을 반복한다.

3 전자레인지용 그릇에 담아 뚜껑을 덮고 1분 정도 돌린다.

전자레인지마다 성능의 차이가 있지만 1~2분이면 충분하다.

간장게장

진정한 밥도둑이 무엇인지를 보여주는 한식 요리의 결정체!
꽃게 손질만 잘하면 어려울 게 없어요. 3~4일 뒤 간장을 한 번 더 끓여 식힌 뒤
다시 부어 숙성시키는 것이 핵심이란 것 잊지 마세요!

주재료
게(생물) 6마리

양념장
간장 4컵 + 청양고추 2개 + 홍고추 1개 + 마늘 10쪽 + 양파 1개 + 물 3½컵 + 생강 1톨

> 게는 살짝 얼려야 물릴 염려도 없고 손질하기도 쉽다.

1 게를 냉동실에 넣어 기절시킨다. 30분 뒤 꺼내 솔로 문지르며 흐르는 물에 씻는다.

> 생강을 넣은 채 숙성시키면 떫고 쓴맛이 난다.

2 냄비에 양념장 재료를 넣고 끓인다. 사이사이 거품은 걷어내고, 1분 정도 지나면 불을 끄고 생강만 빼낸다.

> 밀폐 용기는 끓는 물을 부었다가 버리는 소독 과정을 거친 후 사용한다.

3 게의 배 쪽이 위로 오게 보관 용기에 넣고 양념장을 붓는다. 실온에 하룻밤 재운 뒤 냉장고에 넣어둔다.

4 3일이 지나면 냉장고에서 꺼낸다. 간장만 체에 거르고, 찌꺼기는 버린다.

5 냄비에 간장을 넣고 끓인다. 한 번 부르르 끓어오르면 불을 끄고 식힌 뒤 게에 붓는다.

6 다시 보관 용기에 넣어 냉장고에 2~3일간 숙성시킨다. 깊은 맛을 원하면 1주일 뒤에 먹는 것이 좋다.

간단배추김치

막 담가서 먹는 배추김치 레시피만 있으면 김장도 어렵지 않아요!
출처, 성분 모를 김치들을 사 먹는 대신 간단한 레시피로 건강하게 만들어 먹어보아요.

주재료
배추 1통
무 1개
꽃소금 5숟가락
쪽파 5대

양념
고춧가루 5숟가락 + 다진 마늘 2숟가락 + 까나리액젓 2숟가락 + 사과주스 2숟가락 + 밥 2숟가락 + 물 2숟가락

1 쪽파는 손가락 두 마디 길이로, 배추는 검지 길이로, 무는 납작하게 썬다. 배추와 무만 꽃소금을 넣고 버무려 30분간 절인다.

2 김치 양념을 잘 섞은 뒤 믹서에 넣고 돌린다. 재료가 하나의 색으로 뭉친 듯 보이면 믹서를 끈다.

3 절여둔 배추와 무의 물기를 따라낸 후 김치 양념을 버무린다.

4 쪽파를 넣고 윗면을 랩으로 밀착하듯 덮어 실온에서 12시간 숙성시킨다. 냉장고에 보관해두고 먹는다.

배추김치 양념에는 쌀밥을 넣고, 깍두기 양념에는 넣지 않아요

쌀밥이나 찹쌀풀은 발효를 돕는 자연당 성분의 곡물이어서, 절일 때 국물의 농도를 되직하고 시원하게 해줘요. 찹쌀풀 대신 쌀밥을 쓰는 게 더 간편합니다. 사과주스를 넣는 것도 같은 원리로, 자연스러운 단맛을 내주지요. 보통 넣는 설탕 대신 사과주스를 넣으면 김치가 훨씬 맛있어집니다.
깍두기에 쌀밥이나 찹쌀풀을 넣지 않는 건, 무 특유의 쨍하고 달큰한 맛을 살리기 위한 저만의 방식이에요. 무가 맛있으면 깍두기는 아무것도 넣지 않아도 시원한 맛이 얼마간 유지돼요. 오래 두고 먹을 거라면 찹쌀풀을 넣어도 좋습니다.

간단깍두기

무만 맛있으면 쉽게 맛을 낼 수 있는 깍두기. 무에 함유된 수분이 깍두기의 시원한 맛을 좌우합니다. 그렇기에 너무 많이 절여 물기를 뺀 설렁탕집 깍두기보다 국물이 많은 집 깍두기가 더 시원하고 깔끔합니다.

4인분 | 20분

주재료
무 2개(약 2.5kg)
쪽파 5대
소금 2.5숟가락

양념
고춧가루 5숟가락 + 다진 마늘 1숟가락 + 까나리액젓 2숟가락 + 사과주스 2숟가락

1 무는 도톰하고 네모지게 썰어 소금에 10분간 절인다.

2 쪽파는 손가락 두 마디 길이로 썰고, 양념은 미리 섞어둔다.

3 절여둔 무의 물기를 따라 버리고 양념을 넣어 버무린다.

4 쪽파를 넣은 뒤 랩으로 밀착하듯 덮어 실온에서 12시간 숙성시킨다. 냉장고에 보관해두고 먹는다.

간단물김치

물김치는 고춧물을 잘 걸러서 예쁜 색을 내기만 하면 거의 다 된 거나 다름없어요.
고운 빛깔의 물김치는 그 어떤 요리보다 돋보이는 반찬이 됩니다.

4인분 | 2시간

주재료
알속배기 배추 1통(약 200g), 무 ⅓통

부재료
밤 3톨, 미나리 1줌, 쪽파 2대, 홍고추 2개,
소금 3순가락

국물 양념
물 10컵 + 다진 마늘 0.5순가락 +
다진 생강 약간 +
고운 고춧가루 2.5순가락 + 배즙 1컵

1 무는 껍질을 벗겨 네모지게, 알속배기 배추는 5cm 길이로, 미나리와 쪽파는 손가락 길이로 썬다. 홍고추는 씨를 제거한 뒤 채 썰고, 밤은 껍질을 벗겨 얄팍하게 썬다.

너무 많이 뒤적이면 좋지 않은 냄새가 나니 주의한다.

2 모든 재료를 넓은 볼에 담고 소금(2순가락)을 넣어 살짝 버무린다.

거즈에 밭쳐야 고운 색이 난다.

3 국물 양념을 섞어 잘 녹인 후 거즈에 밭쳐 국물을 낸다. 소금(1순가락)으로 약간 짠 듯 간을 맞춘다.

4 버무려둔 야채를 김치 통에 담고 국물을 부어 실온에 둔다. 12시간이 지나면 냉장고에서 숙성시킨다.

간단동치미

겨울이 시작되고 무가 한창 맛있어지는 11월, 그 시기를 놓치지 말고
꼭 동치미를 담그는 것이 좋아요. 시원하게 잘 숙성된 국물에 밥이나 국수를 말면
긴 겨울밤 최고의 야식도 거뜬히 완성됩니다.

주재료
무 ½개(혹은 동치미용 무 4개)
풋고추 1개
쪽파 4대
꽃소금 약간
소금 ½컵

양념 주머니
쪽파 3대 + 양파 ¼개 + 배 ¼개 +
마늘 3쪽 + 생강 ½톨

> 동치미용 무는 껍질을 벗기지 않아야 맛있다.

1 길고 네모지게 썬 무를 꽃소금에 굴린 뒤, 플라스틱 통에 차곡차곡 담는다.

2 쪽파의 흰 부분을 푸른 잎 쪽으로 꺾은 뒤, 푸른 잎으로 감싸듯이 감아 묶는다.

> 주머니에 넣어야 국물이 깨끗하게 우러난다.

> 동치미용 무를 사용했을 경우엔 무청을 말아서 함께 넣는다.

3 반으로 썬 양파, 4등분한 배, 통째로 씻은 마늘과 생강을 쪽파와 함께 거즈나 그물망에 넣어 양념 주머니를 만든다.

4 양념 주머니, 풋고추를 ①과 함께 넣고 소독한 돌이나 그릇을 넣는다. 물(2ℓ)에 소금을 녹여 통에 붓고, 실온에서 12시간, 냉장고에서 20일 동안 숙성시킨다.

동치미를 만들 때 설탕은 넣지 않는 것이 좋아요

보통 달큰한 맛을 내려고 동치미에 설탕을 넣기 쉬운데요, 이것이 동치미 실패의 원인입니다. 설탕은 동치미 국물을 끈적끈적하게 만들어 맛을 떨어뜨릴 뿐이에요. 오랜 기간 제대로 숙성시키는 것만이 시원한 맛을 내는 유일한 방법입니다. 급하게 만들어야 한다면 설탕 대신 사이다를 쓰는 것이 좋아요. 하지만 가공된 단맛이 나는 건 감수해야겠지요.

02

가정식의 정석

끼니마다 고민되는
국물 요리

미역국

새끼를 낳은 어미 고래가 뭍으로 올라와 미역을 따 먹는 모습을 본 고려인들이 산모에게 조리해준 데서 비롯된 음식, 미역국. 선조의 지혜여서만이 아니라 몸속 노폐물을 제거해주고 붓기를 가라앉히며 수유에도 도움을 준다는 사실은 과학적으로도 입증되었습니다.
나의 엄마가 나에게, 내가 나의 아이에게 해 먹이는 거의 유일한 음식이라 더 특별한 느낌이 듭니다.

주재료
건미역 ⅔컵(10g)

부재료
쇠고기 양지(혹은 사태) 100g
참기름 3순가락
국간장 1순가락
다진 마늘 0.5순가락
청주 1순가락
소금 0.3순가락

💬 건미역은 찬물에 30초만 담가놓아도 충분히 분다.

1 불린 미역을 두 번 정도 흔들어 씻고, 다시 씻기를 반복한다. 물기를 꼭 짠 뒤, 한입 크기로 자른다.

2 쇠고기에 국간장과 다진 마늘을 넣고 버무린다.

3 냄비에 참기름을 두르고 불린 미역을 넣어 볶는다.

4 30초 정도 지나 미역이 파래지면 쇠고기를 넣는다. 고기 겉면이 익을 때까지 뒤적이면서 볶는다.

건미역의 양, 적다고 우습게 보면 안 돼요

미역은 불리면 어마어마하게 양이 늘어나므로 초보들은 주의해야 해요. 미역 양을 제대로 조절하지 못해 싱크대가 검은색 미역으로 꽉 차버린 경험을 저도 해봤거든요. 한두 끼 먹을 거라면 손에 잡힌 듯 만 듯 한 만큼의 적은 양이 적당해요. 보통 시중에 파는 노트북만 한 포장지에 든 건미역은 대부분 50인분이라는 걸 기억해두세요.

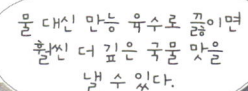

💬 물 대신 만능 육수로 끓이면 훨씬 더 깊은 국물 맛을 낼 수 있다.

5 고기가 거의 익으면 물(5컵)을 붓고, 물이 끓기 시작하면 청주를 넣는다.

6 5분 정도 끓이는 동안 국물에 뜨는 거품은 다 걷어낸다. 소금으로 간한다.

쇠고기뭇국

누구나 다 끓이는 기본 국물 요리 중 하나이지만 사실 맛을 내기가 쉽지 않은 메뉴예요.
4인분 정도의 양으로 포옥, 오래 끓일수록 더 맛있습니다.

4인분 | 45분

주재료
쇠고기 양지(덩어리째) 400g

부재료
다시마 10cm×10cm 6장,
무 ¼개, 양파 1개, 소금 0.5숟가락,
후춧가루 약간

쇠고기 양념
국간장 1숟가락 + 설탕 0.2숟가락 +
청주 2숟가락 + 다진 마늘 0.5숟가락

1 쇠고기는 물에 한 번 씻어두고, 무는 도톰하게 깍둑썰기 하고, 양파는 껍질을 깐 뒤 2등분한다. 다시마는 겉면의 흰 부분을 마른 행주나 키친타월로 닦아낸다.

2 냄비에 물(3ℓ)과 무, 양파, 다시마를 넣고, 끓기 시작하면 쇠고기를 넣는다.

3 20분 정도 끓인 뒤 쇠고기만 건져낸다. 먹기 좋게 썰거나 찢어서 쇠고기 양념에 버무린다.

> 먼저 고기를 덩어리째 삶다가 썰어서 양념하면 국물도 고기도 훨씬 맛있어진다.

4 국물의 다시마와 양파를 빼내고 고기를 다시 넣어 뚜껑을 닫고 끓인다. 15분 뒤 소금으로 간하고 기호에 따라 후춧가루를 넣는다.

배추된장국

가을 햇배추는 시원하고 달달한 맛이 일품입니다.
수확이 조금 늦은 배추는 또 그것대로 단맛과 씹는 맛이 있지요.

주재료
알속배기 배춧잎 8장

부재료
양파 ½개, 풋고추 2개

양념
된장 4숟가락 + 국간장 2숟가락 +
다진 마늘 1숟가락

배추는 크기가 고르지 않게, 칼로 쳐내듯이 썰어 먹으면 더 맛있다.

1 배추, 양파는 한입 크기보다 더 크게 썰고, 풋고추는 가늘고 동그랗게 썬다.

2 양념을 잘 섞어둔다.

3 냄비에 물(4컵)을 붓고, 끓기 시작하면 배추, 양파를 넣고 양념을 푼다. 맑은 국물을 원하면 체에 거르면서 양념을 풀어주면 된다.

된장의 염도에 따라 간이 다르므로, 먹어보고 조절한다.

4 약 5분 뒤 배추가 완전히 익어 흐물거리면 풋고추를 넣고 30초간 더 끓인다. 싱거우면 소금으로 간한다.

콩나물국

콩나물 한 봉지를 사면 국과 무침 중 무엇을 만들지 늘 고민하게 되는데요.
보통 어린 콩나물로는 콩나물국을, 통통한 콩나물로는 무침을 하는 것이 적당합니다.

4인분 | 20분

주재료
콩나물 1봉지(150g)
쪽파 2대

부재료
다진 마늘 0.5순가락
청주 1순가락
소금 0.3순가락
참기름 0.3순가락
후춧가루 약간

꼬리는 영양가가 많으므로 떼지 않는다.

1 콩나물은 물에 두세 번 흔들어 씻으면서 썩은 머리를 제거한다. 쪽파는 잘게 송송 썬다.

2 냄비에 물(2ℓ)을 넣고, 끓으면 콩나물을 넣는다. 다시 끓으면 청주와 마늘을 넣고 5분간 끓인다. 🔥🔥🔥

3 콩나물이 다 익으면 소금과 쪽파를 넣고, 30초 뒤 불을 끈다. 🔥🔥🔥

4 참기름과 후춧가루를 넣고 한두 번 섞어 향을 낸다.

콩나물무침

시원한 국물 맛을 내려고 콩나물 한 봉지를 다 써서 국을 끓이다 보면, 콩나물 양이 너무 많을 때가 있다. 이럴 땐 적당량을 건져내어 콩나물무침을 만들어보자.

주재료 삶은 콩나물 2젓가락(½봉지)
양념 다진 마늘 0.2순가락 + 고춧가루 0.2순가락 + 간장 0.5순가락 + 소금 약간 + 후춧가루 약간 + 참기름 1순가락

삶은 콩나물이 뜨거울 때 양념 재료를 넣고 무친다. 맨 마지막에 참기름을 넣어야 맛이 겉돌지 않는다.

두부고추장찌개

조갯살을 넣은 두부고추장찌개는 친정엄마에게 전수받은 레시피입니다.
조갯살을 재빨리 흔들어 씻어 해감한 뒤, 살짝 볶아 만들면 깊은 맛이 살아나지요.

 4인분 | 20분

주재료
두부 1모

부재료
조갯살 ½컵
양파 ½개
애호박 ¼개
풋고추 2개
멸치 다시마 국물 4컵
참기름 1숟가락
포도씨유 0.5숟가락

고추장 양념
고추장 4숟가락 + 간장 4숟가락 +
설탕 0.3숟가락 + 고춧가루 1숟가락 +
청주 2숟가락

1 두부는 큼지막하고 네모지게, 양파, 애호박, 풋고추는 작고 네모지게 썬다.

2 조갯살은 소금물이나 쌀뜨물에 흔들어 씻은 뒤 물기를 빼둔다.

3 양파, 풋고추, 조갯살을 고추장 양념에 버무린다.

4 달군 냄비에 참기름과 포도씨유를 두른 뒤 ③을 넣고 20~30초간 볶아준다.

5 애호박과 두부를 넣고 한두 번 뒤적여준다.

6 멸치 다시마 국물을 넣고 4~5분간 바글바글 끓여준다. 거품은 모두 걷어내고, 국물이 약간 졸아들면 불을 끈다.

북엇국

명태는 이름도 쓰임도 여러 가지입니다. 갓 잡힌 명태는 생태, 말린 명태는 북어,
바닷바람으로 말리면 황태, 네 마리씩 꼬치에 꿰어 꾸덕꾸덕 말리면 코다리, 명태의 새끼들은 노가리……
이처럼 명태는 갖가지 이름만큼이나 다양한 맛과 풍미가 있어 수많은 요리에 쓰입니다.

4인분 | 20분

주재료
북어채 1줌(80g)

부재료
양파 ½개
홍고추 1개
국간장 1순가락
참기름 3순가락
다진 마늘 0.5순가락
소금 0.3순가락

> 너무 오래 불리면 살이 풀어져서 맛이 없어진다.

1 북어채는 물에 30초 정도 담갔다가 물기를 뺀 뒤 국간장을 넣어 버무린다.

2 양파는 작고 네모지게 썰고, 홍고추는 가늘고 동그랗게 썬다.

> 물을 1순가락 정도 넣어주면 잘 볶아진다.

3 냄비에 참기름을 두른 뒤 북어채를 넣고 30초간 달달 볶다가 양파를 넣고 30초간 더 볶는다.

4 물(2ℓ)을 넣고, 끓기 시작하면 다진 마늘과 소금을 넣는다. 5분 뒤 홍고추를 넣고 30초간 끓인다. 기호에 따라 후춧가루를 넣어 먹는다.

꽃게탕

딱딱한 껍질 속에 꽉 찬 단맛을 감추고 있는 꽃게.
탕을 맑게 끓여 내면 그 맛이 두 배가 됩니다.

4인분 | 20분

주재료
꽃게 2마리

부재료
양파 ⅓개, 무 ⅙개, 풋고추 2개,
홍고추 1개, 대파 1대, 청주 2숟가락,
다진 마늘 1숟가락, 소금 0.3숟가락,
콩가루 2숟가락, 후춧가루 약간

매운 양념
고춧가루 3숟가락 + 간장 2숟가락 +
참기름 1숟가락 + 후춧가루 약간

1 꽃게는 가위로 잘라 흐르는 물에 씻은 뒤 청주를 뿌린다.

2 양파, 무, 풋고추, 홍고추는 한입 크기로 도톰하게 썰고 대파는 어슷하게 썰어준다.

3 냄비에 물(4컵), 양파, 무를 넣고, 끓으면 꽃게를 넣는다.

이 단계에서 매운 양념을 넣으면 매운 꽃게탕이 완성된다.

4 다시 끓으면 풋고추, 홍고추, 대파, 다진 마늘을 넣어 1~2분간 끓인다. 후춧가루, 소금, 콩가루를 넣고 30초간 더 끓인다.

간사이오뎅탕

일본에 여행을 가면 가장 먼저 찾는 것이 달달하고 진한 오뎅탕 국물과 시원한 사케 한 잔이지요! 우리 집 식탁에서도 일본의 맛을 쉽게 느껴볼 수 있어요. 몸에 더 좋은 요리를 만들기 위해 끓는 물에 오뎅을 한 번 데쳐낸 뒤 탕을 끓이는 것이 좋습니다.

주재료
어묵 1팩
산적용 꼬치 5개

부재료
양파 ½개
무 ⅛개
청양고추 1개
홍고추 1개
다시마 10cm×10cm 4장
대파 1대
후춧가루 약간

국물 양념
간장 1숟가락 + 소금 0.3숟가락 +
설탕 0.3숟가락 + 청주 3숟가락

고추냉이 초간장
간장 2숟가락 + 식초 2숟가락 +
고추냉이 0.3숟가락

1 홍고추와 대파는 어슷하게, 무는 네모지고 납작하게, 양파는 도톰하게 썰고, 청양고추는 2등분한다.

2 어묵은 산적용 꼬치에 꽂아두고, 국물 양념은 섞는다.

3 냄비에 물(4컵)과 다시마, 무, 청양고추, 국물 양념을 넣고 끓인다.

4 끓기 시작하면 어묵 꼬치와 양파, 홍고추를 넣고 2~3분 더 끓인 뒤 대파와 후춧가루를 넣고 30초간 더 끓인다. 고추냉이 초간장을 곁들여 낸다.

이왕이면 몸에 더 건강한 어묵을 선택하세요

어묵은 원래 흰 살 생선을 가공해서 만든 제품이에요. 하지만 우리가 흔히 '오뎅'이라고 부르며 즐겨 먹는 분식집표 어묵은 흰 살 생선의 함유량이 현저히 낮습니다(보통 30% 정도이며 나머지 70%는 밀가루 등의 전분 성분). 생선이라기보다 밀가루 튀긴 것을 먹는다고 표현하는 것이 더 정확한 셈이에요. 소중한 우리 몸을 생각한다면, 가격이 조금 높더라도 생선 함유량이 높은 어묵을 고르는 것이 좋습니다.

명란달걀탕

일이 몰려서 몸살이 심하게 난 적이 있는데 그때 이 명란달걀탕을 먹고 기운이 번쩍 났어요. 누구에게나 있는 '영혼을 채우는 수프' 같은 음식, 저에겐 바로 이 명란달걀탕입니다.

2인분 | 20분

주재료
명란 2줄
달걀 2개

부재료
양파 ½개
쪽파 1대
가쓰오부시 국물 3컵
참기름 0.2숟가락
청주 2숟가락
간장 0.5숟가락
다진 마늘 0.2숟가락

1 달걀은 알끈을 제거하고 푼 뒤 참기름, 청주, 간장을 넣어 섞는다.

2 명란은 가위집을 살짝 넣고, 양파와 쪽파는 잘게 썬다.

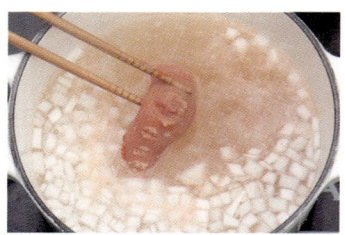

3 뚝배기에 가쓰오부시 국물을 넣고, 끓으면 양파와 다진 마늘을 넣는다. 다시 끓으면 명란을 넣는다. ♨♨♨

새우젓 국물을 넣으면 더 맛있어진다.

4 30초 후 명란이 터지면서 익으면 달걀과 쪽파를 넣고 한두 번 휘저은 뒤 불을 끈다. 간장이나 소금을 넣어 간하고, 기호에 따라 후춧가루를 뿌린다. ♨♨♨

조개탕

해감을 한 모시조개는 어디에 쓰이든 맛과 멋을 살릴 수 있는 든든한 식재료입니다.
통통해서 식감도 살고, 껍질 빛깔도 예쁘고, 영양가까지 풍부하니까요.
그런 조개로 탕을 만들면 시원한 국물까지 덤으로 먹을 수 있습니다.

3~4인분 | 15분

주재료
모시조개 3줌(20~25개)
멸치(국물용) 3마리

부재료
대파 ¼대
청양고추 ½개
소금 약간
다진 마늘 1숟가락

1 모시조개는 찬물에 30분 정도 담가 해감하고 대파와 청양고추는 송송 썬다.

2 물(6컵)에 멸치를 넣어 2~3분간 끓인 뒤 모시조개를 넣고 뚜껑을 닫아 끓인다.

비릿한 맛이 날 때는 불을 끄기 직전에 청주를 한두 방울 넣는다.

3 모시조개가 익어 입을 벌리면 소금과 다진 마늘, 대파, 청양고추를 넣어 마무리한다.

돼지고기 김치찌개

외식을 하고 애매한 양의 고기가 남았다면 무조건 포장해서 가져옵니다.
자그마한 고깃덩어리 한두 개를 가지고도 훌륭한 찌개나 전골을 쉽게 완성할 수 있기 때문이죠.
특히 삼겹살 같은 경우 구워진 상태로 국물에 넣으면 이미 지방이 제거된 것이어서 담백하고
기름기가 적은 찌개를 완성할 수 있습니다.

4인분 | 25분

주재료
삼겹살(혹은 돼지고기 목살) 2줄
김치 3컵

부재료
두부 1모
애호박 ¼개
양파 1개
김치 국물 1컵
포도씨유 1숟가락
대파채 약간

찌개 양념
고추장 2숟가락 + 간장 1숟가락 +
다진 마늘 0.3숟가락 + 설탕 0.3숟가락 +
청주 2숟가락

1. 삼겹살과 김치는 한입 크기보다 조금 크게 썬다. 두부와 애호박도 김치와 비슷한 크기로 썰고, 양파는 길고 도톰하게 썬다.

2. 달군 냄비에 포도씨유를 두르고 김치와 양파를 넣어 1~2분 정도 볶는다.

> 익힌 고기라면 이 과정은 생략하고, 4단계에서 양념과 함께 고기를 넣는다.

3. 김치와 양파가 완전히 익으면 삼겹살을 넣고 1분 정도 볶는다.

4. 물(1.5ℓ)을 붓고 끓기 시작하면 찌개 양념을 넣는다.

남은 고기를 포장해 왔을 땐 꼭 냉동실에 보관해둬요

종종 음식점에서 구워놓은 고기가 남아 집으로 가져올 때가 있는데요. 그런 고기들은 랩으로 잘 싸서 냉동실에 보관해둡니다. 길게는 6개월까지 보관할 수 있지만, 냉동실에서도 공기나 온도 차에 따라 음식물이 상한다는 사실은 알아둬야 해요. 보관한 고기 표면에 하얀 얼음이 끼어 있다면 더이상 쓸 수 없으니 무조건 버립니다. 또 냉동실에서 꺼내 해동했다가 다시 얼린 음식물은 엄청난 양의 세균이 번식할 가능성이 있고, 식중독에 걸릴 확률이 높아지므로 주의해야 해요.

5. 애호박과 두부를 넣고 4~5분 정도 팔팔 끓인다. 대파를 넣고 불을 끈다.

부대찌개

원조에 대한 설은 여러 가지가 있지만 부대찌개는 우리나라의 아픈 역사가 깃든 독특한 음식이에요. 스토리야 어찌 됐건 소시지와 김치, 그리고 라면의 궁합은 누구나 인정하는 맛이죠. 추억과 역사가 함께하는 부대찌개 한 냄비. 이제는 집에서 더 건강하게 만들어보아요.

4인분 | 25분

주재료
김치 1컵
프랑크소시지 2개
통조림 햄 ½캔
사각 어묵 1장

부재료
양파 ⅓개
애호박 ⅙개
통조림 콩 2숟가락
라면 1개
슬라이스 치즈 1장
쌀뜨물 3컵
버터 0.5숟가락
포도씨유 1숟가락

찌개 양념
고추장 1숟가락 + 고춧가루 1숟가락 +
간장 1숟가락 + 설탕 0.2숟가락 +
다진 마늘 1숟가락 + 청주 1숟가락 +
라면 분말스프 절반

홍신애의 요리 습관

구수한 국물 맛을 내고 싶다면 두번째 쌀뜨물로!

의정부에서 유명한 원조 부대찌개 집! 언제나 인산인해를 이루는 이 집의 국물 맛도 쌀뜨물로 낸다는 소문이 있어요. 쌀뜨물을 요리에 사용할 경우, 두번째 쌀뜨물을 쓰는 것이 가장 좋습니다. 첫번째 쌀뜨물은 농약 혹은 이물질 등의 잔류 성분이 많으니 미련 없이 버려야 해요. 두 번째로 씻은 물을 국이나 찌개 육수로 사용하면 쌀이 지닌 수용성비타민이나 전분 성분 덕분에 더 구수하고 영양가 있는 국물이 완성됩니다. 세번째 쌀뜨물은 보통 세안용으로 사용하라고 권하는데 이 역시 육수로도 사용할 수 있어요.

1 프랑크소시지, 통조림 햄, 어묵, 양파, 애호박은 한입 크기로 썬다.

2 냄비에 포도씨유를 두르고 양파와 김치를 볶는다.

3 김치가 절반 정도 익으면 쌀뜨물을 붓는다.

4 끓기 시작하면 ①을 넣고 찌개 양념을 넣는다. 소시지가 거의 다 익을 때까지 3~4분간 팔팔 끓여준다.

5 라면을 넣고, 익으면 통조림 콩과 슬라이스 치즈를 얹는다. 버터를 올려주면 풍미가 좋아진다.

순두부찌개

보드라운 순두부가 칼칼한 양념과 함께 목구멍을 쉭 넘어가는 그 느낌! 기운 없는 저녁에는 뜨끈뜨끈한 순두부찌개 한 그릇으로 속도, 에너지도 채워보는 건 어떨까요?

3~4인분 | 15분

주재료
순두부 1팩
모시조개 4개

부재료
양파 ½개, 애호박 ⅙개, 대파 약간,
달걀 1개, 해물 육수 1컵, 고춧가루 2숟가락,
다진 마늘 0.5숟가락, 참기름 1.5숟가락,
새우젓 국물 1.5숟가락, 소금 약간

1 양파와 애호박은 먹기 좋게 썰고 대파는 송송 썬다.

2 뚝배기에 참기름을 두르고 센불에서 모시조개와 다진 마늘, 고춧가루를 넣어 30초 정도 볶는다.

3 모시조개가 입을 열면 해물 육수를 넣어 살짝 끓인 뒤 양파, 호박, 대파를 넣고 새우젓 국물로 간한다.

4 순두부를 숭덩숭덩 잘라 넣은 뒤 달걀을 넣고 살짝 끓여 마무리한다.

꽁치 김치찜

밤늦게 비라도 촉촉이 내리면 언제 사둔지도 모를 꽁치 통조림을 털어 넣어 꽁치김치찜을 만들어봅시다. 시원하고 차가운 소주 한 잔과 함께라면 쓸쓸해지는 마음도 위로가 된답니다.

 4인분 | 25분

주재료
꽁치 통조림 1캔
김치 2컵

부재료
양파 ½개, 풋고추 2개, 다진 마늘 1숟가락

찜 양념
고추장 2숟가락 + 고춧가루 1숟가락 +
간장 0.5숟가락 + 설탕 0.3숟가락 +
청주 2숟가락 + 후춧가루 약간

1 김치는 큼지막하게 썰어서 찜 양념으로 버무린다.

2 양파는 도톰하게 썰고, 풋고추도 비슷한 크기로 썬다.

3 냄비에 꽁치 통조림과 다진 마늘, 양념해둔 김치를 넣고 자글자글 끓인다.

4 물(3컵)을 넣고 10분 정도 끓인다. 양념이 자작하게 잘 배어들도록 조리듯 끓인다.

모둠불고기전골

평양이 고향인 우리 할머니, 할아버지 덕분에 불고기는 전골로,
또 국수와 함께 즐기는 것이 집안 내력처럼 이어져오고 있습니다.
고기와 해물을 함께 사용해 빈틈없는 맛을 내는 것도 독특하다면 독특한 매력.
폭 끓여 내는 푸짐한 불고기전골 한 냄비는 손님도 가족과 같이 느껴지는 마법의 수프예요.

주재료
쇠고기(불고기용) 200g
모시조개 10개
꽃게 1마리(약 150g)

부재료
애호박 ¼개
양파 ½개
풋고추 1개
무 ⅙개
김치 ½컵
다시마 10cm×10cm 2장
청주 1숟가락

불고기 양념
간장 1숟가락 + 설탕 0.3숟가락 +
다진 마늘 0.3숟가락 + 청주 1숟가락 +
참기름 약간 + 후춧가루 약간

전골 양념
고추장 3숟가락 + 고춧가루 2숟가락 +
간장 3숟가락 + 청주 2숟가락 +
다진 마늘 2숟가락 + 설탕 0.3숟가락 +
참기름 1숟가락 + 후춧가루 약간

수제비 반죽
밀가루 1컵 + 물 ⅔컵 +
포도씨유 0.2숟가락 + 소금 약간

1 다시마의 흰 부분을 마른 행주나 키친타월로 닦아낸 뒤, 냄비에 물(3컵)과 함께 3~4분간 끓인다.

2 애호박, 양파, 풋고추, 무, 김치는 한입 크기로 도톰하게 썬다.

모시조개는 밝은 곳에서 맹물에 30분, 바지락은 어두운 곳에서 연한 소금물에 30분 해감이 원칙!

3 모시조개는 찬물에 30분간 담갔다가 비벼 씻어두고, 꽃게는 4등분한 뒤 청주를 뿌린다.

4 쇠고기는 칼등으로 두드려 연하게 다진 뒤, 불고기 양념에 버무린다.

5 다시마를 빼고 다시마 국물 1컵을 덜어둔 뒤, 끓는 다시마 국물에 채소, 모시조개, 꽃게, 김치, 쇠고기와 전골 양념을 넣는다. 살살 저으면서 고기가 다 익을 때까지 끓인다.

6 전골을 거의 다 먹은 뒤, 남겨둔 다시마 국물 1컵을 붓는다. 끓기 시작하면 수제비 반죽을 떠 넣고 3~4분간 더 끓여, 반죽이 떠오르면 먹는다.

사골곰탕

주로 곰탕에는 사골, 양지나 사태 등 국물이 달게 우러나는
살코기류, 꼬리 부위가 단골 재료로 쓰입니다.
사골을 푹 끓였을 때 나오는 진한 콜라겐 성분은
피부를 탱탱하게 해주는 중요한 영양소이니 기름기 때문에 주저하지 맙시다.

4인분 | 1시간 40분

주재료
쇠고기 사골 2kg
쇠고기 양지머리 300g

부재료
양파 2개
청주 2숟가락

뼈는 반드시 핏물을 뺀 다음 사용해야 누린내가 나지 않는다.

1 찬물에 2시간 동안 사골을 담가두고, 피가 대부분 빠지면 흐르는 물에 씻는다. 양지머리도 함께 씻어둔다.

2 깊은 냄비에 물(3ℓ)을 넣고, 팔팔 끓으면 사골과 양지머리를 넣는다. 2~3분이 지나면 사골과 양지머리를 건져낸다.

3 튀한 물은 버리고 냄비를 깨끗이 씻은 뒤 다시 익힌 사골과 양지머리, 물(5ℓ), 양파를 넣는다. 끓기 시작하면 청주를 넣고 15분간 더 끓인다.

약불로 고을 때부터 영양분이 물에 녹아들기 때문에 최소한 30분, 가능하면 2시간 정도 끓인다.

4 중불로 줄여서 20분간 끓이다가 약불에서 30분간 더 끓여서 푹 고아준다.

남은 사골곰탕 국물을 라면 스프 대신 사용해보세요

사골곰탕은 오래 먹으면 질릴 때가 있어 마지막 즈음엔 국물이 남기 쉽지요. 이때 국물을 냉동고 얼음 통에 붓고 얼려보세요. 필요할 때 한두 개씩 꺼내서 찌개나 국물의 기본 육수로 사용하면 훨씬 더 근사한 국물 맛을 낼 수 있습니다. 라면을 끓일 때도 스프를 좀 덜 넣는 대신 곰탕 국물 얼음 한두 개를 넣으면 국물 맛이 훨씬 살아나요. 이것이 일명 '황제라면'!

03

가정식의 정석

후다닥, 시간 벌어주는
한 그릇 요리

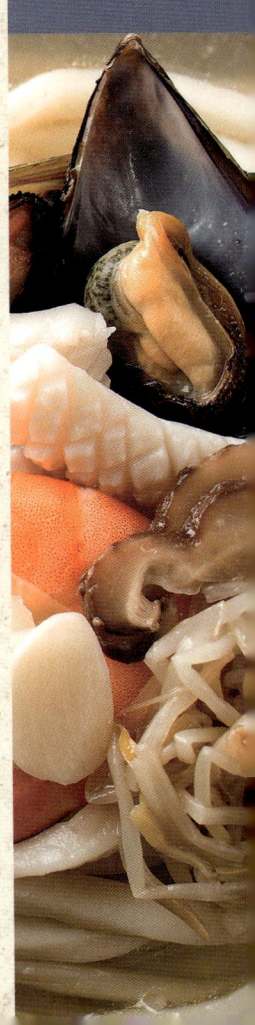

콩나물밥

밥 한 그릇에 반찬이라고는 김치 달랑 하나 놓고 밥을 먹는 엄마의 모습이 이해가 안 가던 어린 시절. 그때는 콩나물밥이 이렇게 맛있는 줄 몰랐습니다.
흔한 달걀프라이 하나 없이도 밥 자체가 반찬이며 촉촉한 국물 요리이기도 한 콩나물밥입니다.

2인분 | 40분

주재료
쌀 1.5컵
콩나물 1봉지(120g)

부재료
쇠고기 등심(혹은 살코기) 100g

쇠고기 양념
간장 1숟가락 + 설탕 0.3숟가락 +
다진 마늘 0.2숟가락 + 청주 0.5숟가락 +
후춧가루 약간 + 참기름 0.3숟가락

비빔 양념장
간장 4숟가락 + 다진 마늘 0.3숟가락 +
식초 0.3숟가락 + 설탕 0.3숟가락 +
참기름 2숟가락 + 후춧가루 약간

김치, 버섯 양념
간장 1숟가락 + 설탕 0.3숟가락 +
청주 0.5숟가락 + 참기름 0.5숟가락

1 쌀은 씻은 뒤 물에 불려놓는다.

2 콩나물은 지저분한 것들만 떼고 물에 씻어 물기를 빼둔다.

쇠고기 대신 닭고기나 돼지고기를 써도 좋다.

3 쇠고기는 다지듯이 칼로 두드려 자른 후 쇠고기 양념에 버무린다.

콩나물에서 물이 나오기 때문에 평소 양대로 물을 넣으면 밥이 질어진다.

4 전기밥솥에 쌀을 넣고 쌀 높이까지만 물을 부어준다.

고기가 부담스럽다면 잘게 썬 김치나 표고버섯, 새송이버섯을 넣어도 좋다.

5 콩나물과 양념한 쇠고기를 올린 뒤 밥솥의 취사 버튼을 누른다. 밥이 다 되면 주걱으로 살살 섞고 비빔 양념장을 넣어 비벼 먹는다.

돼지고기부추덮밥

비타민B가 풍부하고 몸에 좋은 지방산이 많은 돼지고기,
여기에 피를 맑게 하는 부추를 곁들여 먹는 진정한 영양식이죠.
주로 머리를 많이 쓰는 수험생이나 직장인들에게 추천합니다.

2인분 | 40분

주재료
돼지고기 목살 250g
부추 2줌
밥 2공기

부재료
무 ⅙개
대파 1대
말린 표고버섯 3개
양파 ½개
마늘 2쪽
생강 1톨
가쓰오부시 1컵
다시마 5cm×5cm 크기 2장
청주 ½컵
간장 1컵
설탕 ¼컵
포도씨유 약간
소금, 후춧가루 약간씩

1 대파와 무는 깨끗이 씻어 팬 없이 가스 불에 살짝 굽는다.

2 냄비에 물(4컵), 다시마, 말린 표고버섯, 무, 대파를 넣고 15분간 끓인 뒤, 다시마를 건져내고 간장, 청주, 설탕을 넣고 5분간 더 끓여 장국을 만든다.

3 재료를 모두 건져낸 뒤 가쓰오부시를 넣고 불을 끈다. 10분간 우린 뒤 면보로 거른다.

4 흐르는 물에 부추와 양파를 씻어 한 입 크기로 썰고, 돼지고기 목살도 같은 크기로 자른다. 통마늘과 생강은 편으로 썬다.

5 팬에 포도씨유를 둘러 마늘과 생강을 노릇하게 굽고, 목살과 양파를 넣어 볶는다.

6 밥 위에 부추를 얹은 후 마늘과 생강, 목살, 양파 순서로 올리고 장국을 뿌린다.

골뱅이비빔국수

매콤달콤새콤한 양념에 버무린 쫄깃한 골뱅이는 먹는 사람의 기분을 즐겁게 해줍니다.
여기에 국수를 넣어 비비면 그 맛 또한 일품이지요.
정갈하게 담아 먹는 것도 멋스럽고, 큰 양푼에 넣고 쓱쓱 비벼 먹어도 맛있습니다.

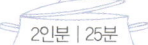
2인분 | 25분

주재료
소면 2줌
김치 ½컵
골뱅이 통조림 ½캔
진미오징어채 1컵

부재료
달걀 1개
양배추 ⅛통
깻잎 6장
참기름 2숟가락
통깨 약간

비빔 양념장
고추장 2숟가락 + 간장 0.5숟가락 +
다진 마늘 0.3숟가락 + 사과주스 1숟가락 +
설탕 0.5숟가락 + 참기름 1숟가락

오징어채 양념장
마요네즈 1숟가락 + 참기름 1숟가락

1. 끓는 물에 소면을 펼치듯 넣고 면이 전부 잠기도록 한 번 저은 후 찬물(1컵)을 넣는다. 물이 끓기 시작한 지 30초가 지나면 불을 끈다.

2. 체에 밭쳐 건진 뒤 찬물에 흔들어 헹군다.

찬물에 씻으면 전분 성분이 제거되어 면발이 쫄깃해진다.

3. 김치를 잘게 썰고, 골뱅이는 한입 크기로 자르고, 양배추와 깻잎도 가늘게 채 썬다.

4. 국자를 사용해 달걀을 끓는 물에 넣고 정확히 6분간 삶는다. 그러면 속이 노르스름한 꿀처럼 보이는 반숙으로 삶아진다.

완숙은 10분 정도 삶으면 완성!

5. 소면에 채소, 골뱅이와 비빔 양념장, 참기름을 넣는다.

6. 진미오징어채도 마요네즈 양념에 버무린다. ⑤에 삶은 달걀과 통깨를 얹고, 진미오징어채를 올린다.

김치말이밥

어릴 적 우리 집 자그마한 마당에 놓인 장독 안을 들여다볼라치면, 그때마다 밀려오는 김치의 향은 그야말로 감동이었습니다. 어릴 때는 찬밥에 김치 한 그릇만 상에 올려 밥을 먹는 엄마가 그리도 처량해 보이더니, 이젠 그 시원하고 심플한 맛, 속까지 개운하게 달래주는 그 맛이 뭔지 아는 나이가 된 것 같아 시원섭섭해요.

2인분 | 15분

주재료
배추김치 2컵
냉면 육수 2봉지
밥 2공기

부재료
무 ⅛개, 오이 ¼개, 사과 ⅛개,
삶은 달걀 1개, 식초 0.5순가락,
연겨자 약간, 통깨 약간

김치 양념
간장 1순가락 + 설탕 0.5순가락 +
참기름 1순가락

1 김치는 송송 썬 뒤 김치 양념에 버무린다.

2 사과는 편으로 썰고, 오이는 소금으로 문질러 씻은 뒤 얇게 채 썰고, 무도 채 썬다.

3 냉면 육수에 식초와 연겨자를 넣고 잘 녹인 뒤, 양념한 김치를 올린 뜨거운 밥에 붓는다.

4 무와 오이, 사과를 올리고 삶은 달걀을 얹어 통깨를 뿌린다.

> 육수 대신 소고기뭇국, 다시마된장국 등에 밥을 말아 양념 김치와 먹어도 맛있다.

두부달걀덮밥

남은 두부가 있다면 간편하게 만들어 먹기 좋은 메뉴입니다.
갑자기 손님이 들이닥쳐 술안주 겸 요깃거리가 필요할 때도 후다닥 해 먹을 수 있는 초간단 요리이지요.

2인분 | 15분

주재료
두부 ⅓모
달걀 2개
밥 2공기

부재료
닭고기 통조림 1캔, 양파 ½개,
참기름 0.5숟가락

덮밥 소스
다시마 10cm×10cm 2장 + 간장 3숟가락 +
설탕 2숟가락 + 식초 2숟가락 +
후춧가루 약간 + 다진 마늘 약간 +
청주 2숟가락

1 달걀은 흰자와 노른자를 분리하고, 두부는 작고 네모지게 썬다. 양파는 가늘게 채 썬 뒤 물에 5분 정도 담갔다가 물기를 뺀다.

2 팬에 덮밥 소스, 양파, 두부를 함께 넣고 2분간 끓인다. 전자레인지에 2분 정도 돌려도 된다.

3 뜨거운 밥 위에 닭고기, 달걀흰자를 얹은 뒤 전자레인지에 30초간 돌린다.

4 ③에 덮밥 소스를 얹고, 가운데에 달걀노른자를 올린 뒤 참기름을 두른다.

콩나물묵사발

언젠가 엄마를 따라 고깃집에 간 적이 있습니다. 그날, 잔뜩 기대했던 고기 대신 묵사발 한 그릇을 받은 나는 화가 난 듯 후루룩 단숨에 그릇을 비웠습니다. 그런데 어른이 된 뒤로 묵사발은 남은 반찬으로 자주 만들어 먹는 단골 메뉴가 되었는데요. 평범한 듯 평범하지 않고 심심한 듯 재미있는 음식입니다. 입맛 없을 때 꼭 한 번 드셔보세요.

주재료
콩나물 2줌
도토리묵 1팩

부재료
김치 ½컵
오이 ¼개
멸치 6마리
삶은 달걀 1개
다시마 10cm×10cm 2장

김치 양념
설탕 0.5숟가락 + 고추장 1숟가락 +
간장 0.5숟가락 + 참기름 1숟가락

국물 양념
식초 1숟가락 + 간장 0.5숟가락 +
소금 약간 + 설탕 0.5숟가락

 2인분 | 20분

1 내장을 뺀 멸치를 마른 팬에 볶다가 물(2컵)과 다시마를 넣고 15분간 끓인다.

2 김치는 송송 썬 뒤 김치 양념에 버무린다.

3 콩나물은 다듬어서 끓는 물에 2분 정도 삶고, ②와 함께 버무린다.

4 도토리묵을 길게 잘라 끓는 물에 살짝 데친 뒤, 찬물에 담가놓는다.

5 오이는 길쭉하게 채 썰고, 삶은 달걀은 반으로 자른다.

6 건더기를 건져낸 ①에 국물 양념을 넣고 잘 섞는다. 대접에 도토리묵과 양념한 김치, 콩나물, 오이, 달걀을 올리고 다시마 멸치 국물을 붓는다.

스팸깻잎초밥

이젠 홍대 앞 카페 같은 곳에서도 흔히 볼 수 있는 메뉴이지만 왠지 돈 내고 사 먹기는 꺼려집니다. 이럴 땐 집에서 손쉽게 만들어보아요. 통조림 햄의 느끼한 뒷맛을 향긋한 깻잎이 싹~ 잡아주어 뒷맛까지 깔끔한 스팸깻잎초밥은 보존성이 좋아서 도시락 메뉴로도 적당합니다.

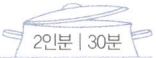

주재료
밥 2공기
통조림 햄 ½캔
깻잎 6장

밥 양념
설탕 1숟가락 + 식초 1숟가락 + 소금 약간

고추냉이 마요네즈
마요네즈 4숟가락 + 고추냉이 0.2숟가락

1 통조림 햄은 생선초밥 크기로 자른 뒤, 달군 팬에 앞뒤로 굽고 기름을 빼놓는다.

2 깻잎은 흐르는 물에 씻어서 가늘고 길게 자른다.

3 밥에 밥 양념을 넣고 자르듯이 뒤적여 한 덩어리를 만든다.

4 고추냉이 마요네즈를 섞은 뒤 지퍼백에 넣고 끝을 잘라 짤주머니처럼 만든다.

5 밥을 조몰락거려 초밥 모양으로 만든 뒤 위쪽에 고추냉이 마요네즈를 얹고 구운 햄을 얹는다.

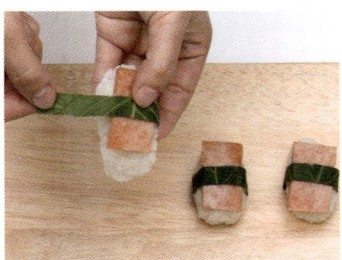

6 깻잎으로 띠를 둘러 고정한다.

마파두부덮밥

'중국의 곰보 할머니가 만들어 팔던 두부 요리'라는 뜻의 마파두부. 채식을 하는 분들은 쇠고기 대신 잘게 다진 버섯을 넣어 먹으면 마파두부의 깊은 맛을 고스란히 느낄 수 있습니다. 또한 파프리카나 애호박 등의 채소를 넣으면 부드러운 두부와 대비되는 식감도 느낄 수 있지요.

2인분 | 15분

주재료
두부(부침용) 1모
쇠고기 간 것 150g
밥 2공기

부재료
양파 ⅓개
풋고추 1개
전분 2숟가락
다시마 국물 ½컵
청주 1숟가락
포도씨유 2숟가락
다진 마늘 0.5숟가락
다진 쪽파 1숟가락
참기름 약간
후춧가루 약간

양념
두반장소스 2숟가락 + 굴소스 1숟가락 +
간장 0.5숟가락 + 설탕 1숟가락 +
식초 1숟가락

두부를 살짝 익혀주면 겉은 단단해지고, 속은 촉촉해진다.

1 두부는 네모지게 썬 뒤, 체에 받쳐서 끓는 물에 금방 담갔다가 뺀다. 양파와 풋고추는 다지듯이 잘게 썬다.

2 달군 팬에 포도씨유를 두르고 다진 마늘, 양파, 풋고추를 볶는다. 30초가 지나면 쇠고기, 청주, 후춧가루를 넣는다. ♨♨♨

3 쇠고기가 거의 다 익으면 다시마 국물과 양념을 넣고 버무리듯이 볶는다. ♨♨♨

4 끓기 시작하면 두부를 넣고 뒤적이며 끓인다. ♨♨♨

마지막에 참기름을 두르면 풍미가 살아나고 식중독 예방에도 도움이 된다.

5 전분과 물(3숟가락)을 섞어 넣고 재빨리 휘저어 덩어리가 지지 않게 한다. 농도가 되직해지면 밥 위에 마파두부를 얹는다. 참기름과 다진 쪽파를 뿌린다.

조갯살톳밥

조개를 넣고 밥을 해서 먹었을 때 느껴지는 그 시원하고 확 당기는 감칠맛!
그 느낌은 말로도, 글로도 표현할 길이 없습니다.
여기에 톳을 더하면 건강까지 챙기는 우리 집 대표 밥 메뉴로 등극!

2인분 | 30분

주재료
바지락 조갯살 ½컵
톳 1컵
쌀 1컵
찹쌀 ⅓컵
다시마 10cm×10cm 2장
청주 1숟가락

양념 간장
간장 2숟가락 + 다진 마늘 0.3숟가락 +
다진 영양부추 1숟가락 +
다진 홍고추 0.5숟가락 +
식초 0.5숟가락 + 참기름 1숟가락 +
통깨 0.5숟가락

1 쌀은 불린 뒤 두번째와 세번째 쌀뜨물을 따로 둔다.

2 쌀뜨물로 바지락 조갯살을 조물조물 주물러 씻는다.

3 톳은 가위로 굵은 줄기를 제거하고 소금으로 살살 문질러 물에 헹군 뒤, 끓는 물을 부었다가 청록색으로 살짝 변하면 체에 밭쳐 찬물에 씻는다.

4 쌀에 톳, 바지락 조갯살, 청주와 다시마를 넣은 뒤 밥을 한다. 양념 간장을 곁들여 먹는다.

날치알깍두기볶음밥

어린 시절엔 입맛이 없다며 깍두기에 밥을 볶아 먹는 엄마가 참 안 예뻐 보였어요. 하지만 엄마처럼 깍두기에 밥을 볶아 먹고 있는 지금에야 "너도 애 낳고 살아봐라"라는 엄마의 말을 이해할 것 같습니다. 후다닥 해 먹기 쉬운 스피드 요리이지만, 내게는 엄마를 생각나게 하는 추억의 요리이기도 해요.

2인분 | 20분

주재료
날치알 3숟가락
깍두기 1컵
밥 2공기

부재료
김치 국물 약간
참기름 2숟가락
설탕 0.3숟가락

1 깍두기는 먹기 좋게 자른다.

2 팬에 참기름을 둘러 깍두기를 볶다가 밥을 넣고 볶는다. 김치 국물과 설탕을 넣어 간한다.

3 날치알을 넣어 살짝 볶으면 완성. 기호에 따라 조미김을 뜯어 올린다.

오야코돈부리

일본어로 '오야코(おやこ)'는 '엄마와 아이'를 뜻하는데, 닭과 달걀을 함께 넣은 덮밥이라 이런 재미난 이름이 붙었다고 합니다. 촉촉한 국물이 입맛을 더욱 돋우는 오야코돈부리. 밥에 얹어서 먹는 덮밥이 지겨워질 땐 닭과 달걀을 따로 볶아 반찬으로 먹어도 좋습니다.

주재료
밥 1.5공기
닭고기 안심 150g

부재료
양파 1개
쪽파 3대
달걀 2개
가쓰오부시 약간
소금, 청주, 후춧가루 약간씩
포도씨유 적당량

양념장
간장 4숟가락 + 다시마 10cm×10cm 4장 +
설탕 2숟가락 + 청주 3숟가락 + 물 ½컵

1 닭고기 안심은 한입 크기로 잘라준 뒤 청주, 소금, 후춧가루로 밑간을 한다.

2 양파는 도톰하게 썰고, 쪽파도 손가락 두 마디 정도로 잘라둔다.

3 포도씨유를 두른 팬에 양파를 15초간 볶다가, 밑간한 닭을 넣고 겉면이 익을 때까지 볶는다.

4 닭이 익으면 양념장을 넣고, 양파에 양념이 배어들 때까지 5분 정도 끓인다.

덮밥 양념장 만들기가 번거롭다면 액상스프로!

'○○우동'류의 반조리 식품을 사면 액상스프가 들어 있는데요, 일명 가쓰오 장국이라고 불리는 우동 국물용 스프예요. 이것을 물에 희석해서 (약 3배 정도의 물을 넣고) 끓여 만들면 끝! 덮밥 양념장이 아주 간단히 완성됩니다.

5 달걀을 풀어 붓고, 거의 다 익으면 파를 넣고 불을 끈다. 사이사이 거품을 걷어낸다. 끓인 재료를 밥에 얹고 가쓰오부시를 뿌린다.

파인애플볶음밥

편식하는 아이들을 위해, 가장 좋아하는 파인애플은 주인공으로 놓고 가장 싫어하는 재료인 쪽파, 파프리카 등을 조연으로 살짝 넣어봤습니다. 엄마들의 고민을 덜어줄 어린이용 메뉴이자 새콤한 맛을 느끼고 싶을 때 추천할 만한 든든한 한 끼 식사 요리예요.

주재료
파인애플 ½통
닭고기 안심 4쪽
밥 2공기

부재료
양파 ½개
쪽파 2대
청피망 ¼개
빨강 파프리카 ⅓개
다진 마늘 0.3숟가락
소금, 후춧가루 약간씩

밥 양념
굴소스 2숟가락 + 설탕 0.5숟가락 +
식초 1숟가락

1 파인애플은 가로로 반을 잘라 과육을 도려낸다. 껍질을 그릇으로 사용할 수 있도록 가운데만 발라낸다.

2 파인애플은 한입 크기로 썰고 양파, 피망, 쪽파, 파프리카는 작게 썬다.

3 닭고기 안심은 가위로 흰색 힘줄을 잘라내고 작게 자른 뒤 소금, 후춧가루로 밑간을 한다.

4 기름을 두른 팬에 양파, 다진 마늘을 볶다가 닭과 파프리카, 피망을 함께 볶는다.

5 파인애플을 넣어 볶다가 밥과 밥 양념을 넣고 뒤적이며 볶는다.

6 과육을 발라낸 파인애플 그릇에 밥을 담고 쪽파를 얹는다.

나가사끼짬뽕

중국에서 일본으로 건너간 유학생들이 현지에서 쉽게 구할 수 있는 재료들로 만들어 먹은 데서 유래한 메뉴, 나가사끼짬뽕. 지금은 보통 흰 국물 짬뽕을 이렇게 부르는데, 사실 중국엔 없는 일식 메뉴입니다.
도톰한 우동 면을 사용하면 시원하고 진한 국물 맛과 어울려 더 풍성한 맛을 느낄 수 있어요.

2인분 | 40분

주재료
우동 면 2인분
홍합 12개(200g)
오징어 1마리
새우(중하) 4마리

부재료
양배춧잎 2장
애호박 ¼개
양파 ½개
청양고추 1개
마늘 3쪽
숙주나물 1줌(80g)
말린 표고버섯 2개
멸치 다시마 국물 2컵
참기름 1숟가락
포도씨유 1숟가락
소금, 후춧가루 약간씩

사각형으로 뭉쳐진 국수는 일부러 풀지 않는다.

1 끓는 물에 우동 면을 삶아 건진 뒤 찬물에 씻는다.

새우는 껍질째 사용해야 국물이 시원해진다.

2 손질한 오징어는 살 안쪽에 칼집을 잘게 넣어 한입 크기보다 더 크게 썬다. 홍합, 새우도 손질한다.

3 양배추, 애호박, 양파는 한입 크기로, 마늘은 편으로, 청양고추는 잘게 썬다. 말린 표고버섯은 미지근한 물에 잠시 불린 뒤 밑동을 자르고 얇게 썬다.

4 냄비에 참기름과 포도씨유를 두르고, 달궈지면 양배추, 양파, 청양고추, 마늘을 넣고 볶는다. 양파가 투명해지면 숙주나물을 넣는다.

5 홍합과 새우를 넣고 볶다가 홍합이 입을 벌리면 다시마 국물과 물(2컵)을 넣고 끓인다. 소금, 후춧가루로 간한다.

6 끓기 시작하면 오징어와 애호박, 표고버섯을 넣고, 새우가 익으면 면을 넣고 20초간 더 끓인다.

베이컨김치덮밥

고소한 베이컨과 새콤한 김치의 조합을 거부할 한국 사람이 누가 있을까요! 누구든 군침 돌게 하는 뚝딱 한 그릇 식사.

2인분 | 20분

주재료
베이컨 3줄
김치 ¼포기

부재료
양파 ⅓개
밥 2공기
소금, 후춧가루 약간씩

볶음 양념
고추장 0.5숟가락 + 간장 0.5숟가락 +
설탕 0.5숟가락 + 물 2숟가락 +
참기름 1숟가락 + 후춧가루 약간

1 김치와 양파는 잘게 다진다. 베이컨은 잘게 썰어 달군 팬에 기름을 둘러 구운 뒤, 기름을 살짝 제거해 준다.

2 달군 팬에 기름을 두르고 양파를 볶다가. 투명해지면 김치와 함께 볶는다. ♨♨♨

3 볶음 양념을 섞는다.

4 팬에 베이컨과 볶음 양념을 넣고 섞으면서 볶는다. 완성되면 밥 위에 얹어 낸다. ♨♨♨

마늘볶음밥

비타민C의 보고이자 면역력을 높여주는 마늘.
날것으로 먹으면 아리고 맵지만 익히면 단맛이 강해지는 신기한 식재료예요.
달고 고소한 밥과는 찰떡궁합!

2인분 | 25분

주재료
마늘 10쪽
밥 1.5공기

부재료
달걀 1개
포도씨유 2숟가락
참기름 0.3숟가락
소금 0.2숟가락
간장 0.3숟가락
후춧가루 약간

1 마늘은 꼭지를 제거하고 편으로 썬다.

2 달걀은 풀어준 뒤 소금과 참기름을 넣어 간한다.

3 달군 팬에 포도씨유를 둘러 마늘을 노릇하게 굽다가 풀어놓은 달걀을 넣는다. 🔥🔥🔥

4 달걀이 거의 익으면 소금, 간장, 후춧가루로 간한 뒤, 밥과 남은 참기름을 넣고 볶는다. 🔥🔥🔥

닭칼국수

닭에서 우러난 진한 국물에 칼국수를 끓여 먹는 닭 한 마리 칼국수가 한동안 큰 인기를 끌었는데요. 만들기 어려운 칼국수 반죽 대신 시판 칼국수를 쓰면 큰 부담 없이 집에서도 만들어 먹을 수 있습니다.

2인분 | 1~2시간

주재료
닭 1마리에서 발라낸 살과 뼈

부재료
청주 1숟가락
양파 ½개
마늘 4쪽
애호박 ⅓개
다진 마늘 0.5숟가락
간장 1숟가락
참기름 1숟가락
고춧가루, 후춧가루 약간씩

칼국수 반죽
밀가루 2컵 + 소금 약간 +
포도씨유 약간 + 물 1컵

1 면보 주머니에 닭뼈와 닭고기, 마늘, 양파를 넣고 20분 동안 끓여 맑은 육수를 낸다. 청주 1숟가락을 넣어 누린내를 제거한다.

2 익힌 닭고기 살을 발라두고, 애호박은 채를 썬다.

3 칼국수 반죽 재료를 한데 치댄 뒤 비닐에 싸서 냉장고에서 30분간 숙성시킨다.

4 반죽에 밀가루를 끼얹으면서 밀개로 민 뒤 칼로 썬다.

5 달군 팬에 기름을 두르고 애호박과 다진 마늘을 넣고 볶다가 간장, 고춧가루, 참기름, 닭 살코기를 넣고 불을 끈다.

6 칼국수 면을 삶은 뒤 찬물에 헹궈 전분기를 제거한다. 그릇에 면을 담고 육수와 ⑤를 얹어 먹는다.

알밥

알밥을 만들 때, 뚝배기를 쓰는 것과 안 쓰는 것은 하늘과 땅만큼이나 맛의 차이가 납니다. 그냥 그릇에 비벼 먹는 알밥과 뜨거운 온도에서 익을 듯 말 듯 한 날치알 맛의 차이는 안 먹어본 사람은 모를 거예요. 있는 그릇들을 두고 굳이 더 구입하는 것은 꺼리는 편이지만 뚝배기 하나쯤은 장만해두라고 적극 권하고 싶습니다.

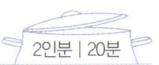

주재료
밥 1공기
날치알 3숟가락

부재료
양파 ¼개
김치 ½컵
오이 ⅓개
통깨 0.5숟가락
참기름 약간

날치알 양념
청주 ½컵 + 물 ½컵 + 설탕 0.3숟가락

양념장
간장 1숟가락 + 고추장 0.5숟가락 +
설탕 0.5숟가락 + 청주 1숟가락 +
식초 0.5숟가락 + 참기름 1숟가락

1 오이는 소금으로 문지른 후 씻어 껍질만 돌려 깎아 채 썬다. 소금에 5분간 절였다가 물기를 뺀다. 양파는 가늘게 채 썰고, 김치는 잘게 잘라 양념장 1숟가락을 넣고 버무린다.

2 날치알은 날치알 양념에 30초간 담갔다가 체에 밭쳐둔다.

3 불에 뚝배기를 올려 충분히 달군 뒤, 참기름을 코팅하듯 뚝배기에 두른다.

4 밥을 넣고 살짝 눌러준다. 타다타닥 눋는 소리가 들릴 때쯤 불을 끈다.

5 밥 위에 날치알, 양파, 김치, 오이, 비빔 양념장을 얹고 통깨를 뿌리면 완성. 기호에 따라 참기름을 넣어도 좋다.

단호박카레라이스

일본에서 출시된 고형 카레는 가정에서도 쉽게 카레를 만들어 먹는 데 공을 세운 식재료인데요. 여기에 사과와 단호박으로 자연의 맛을 더하면 먹음직스러운 가정식 카레라이스가 완성됩니다.

2인분 | 40분

주재료
단호박 ¼개
쇠고기 등심 100g
고형 카레 4쪽
밥 4공기

부재료
감자 ½개
양파 ½개
당근 ⅓개
사과 ⅛쪽
다진 마늘 약간
버터 0.5숟가락
포도씨유 0.5숟가락

1 단호박은 껍질째로 흐르는 물에 씻은 뒤, 반으로 갈라 씨를 제거하고 큼지막하게 썬다. 사과는 강판에 갈아둔다.

2 감자, 양파, 당근, 쇠고기는 한입 크기보다 약간 크게 썬다.

3 냄비에 버터와 포도씨유를 같이 둘러 다진 마늘과 양파를 볶다가, 향이 나면 단호박, 감자, 양파, 당근, 쇠고기를 넣는다.

4 양파가 투명해지고 나머지 재료들이 절반 정도 익은 듯하면 물(1.2ℓ)을 붓는다.

5 물이 끓으면 고형 카레를 1쪽씩 넣어가며 풀어준다.

6 사과를 넣고 적당한 농도가 될 때까지 끓인 뒤, 밥 위에 얹어 먹는다.

쇠고기야채죽

끓이기도 힘들고 넣는 재료도 많지만 그 정성만큼이나 효과를 보는 것이 죽입니다.
가족이나 연인이 아플 때, 뚝딱 만들 수 있게 죽 레시피 하나쯤은 기억해두는 게 좋지 않을까요?

주재료
쇠고기 등심(다진 것 혹은 간 것) 150g
표고버섯 2개
불린 쌀 ¾컵

부재료
쪽파 1대
양파 ½개
당근 ⅛개
소금 0.3숟가락
후춧가루 0.1숟가락
참기름 0.5숟가락

쇠고기 양념
간장 1숟가락 + 청주 0.5숟가락 +
다진 마늘 0.2숟가락 + 참기름 0.5숟가락

1 양파, 당근, 표고버섯, 쪽파는 잘게 다지고, 쇠고기는 쇠고기 양념으로 버무린다.

물을 약간 넣어야 고기가 퍼져서 익히기 쉽다.

2 냄비에 포도씨유를 두르고 양파, 당근, 표고버섯을 넣고 30초간 볶다가, 양념한 쇠고기와 물(1숟가락)을 넣고 다 익을 때까지 저어준다.

3 불린 쌀을 넣고 30초간 볶는다. 쌀이 하얗게 변할 때까지 익힌다. 소금, 후춧가루로 간한다.

4 물(2컵)을 붓고 끓기 시작하면 저으면서 익힌다. 물이 졸아들어 쌀알이 보이면 물(2컵)을 더 붓는다.

5 끓기 시작하면 물기가 없어질 때까지 저으면서 20분간 끓인다.

6 쌀알이 퍼져 되직한 죽처럼 되면 다진 쪽파를 넣고, 저으면서 1~2분간 더 끓여준 뒤 참기름을 넣는다.

04

가정식의 정석

아이도 어른도 건강하게
보양식 요리

삼겹살간장찜

보드랍고 고소한 삼겹살에 달고 진한 간장 옷을 입혀 먹는 홍신애 시그니처 요리 중 하나.
청주와 물을 1:1 비율로 해서 삼겹살을 삶아내면 냄새는 사라지고 고기는 쫀득해집니다.
마지막 순간 거품이 날 때까지 조리듯 끓여주는 것을 잊지 마세요!

2~3인분 | 1시간 20분

주재료
통삼겹살 1kg

부재료
영양부추 ½단
양파 ¼개
풋고추 2개
생강 2톨
통계피 1개
통후추 1숟가락
청주 4컵

찜 양념
간장 ½컵 + 설탕 ½컵

1 삼겹살, 풋고추, 생강, 통후추, 통계피를 준비한다. 냄비에 물(4컵)과 청주를 넣고 끓이다가 삼겹살을 넣는다.

2 삼겹살이 익으면 풋고추, 생강, 통후추, 통계피를 넣고 20분간 끓이다가 국물이 절반 정도로 졸아들면 찜 양념을 넣는다.

3 20분간 끓인 뒤 국물에서 거품이 나기 시작하면 조리듯이 10분 정도 더 끓여준다.

4 부추는 지저분한 것들을 제거해 손가락 두 마디 길이로 썰고, 양파는 가늘게 채 썰어 물에 잠시 담갔다가 뺀다. 양파와 부추를 섞어 접시에 깐다.

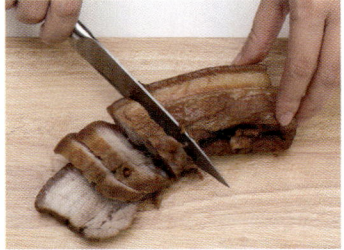

5 삼겹살에 간장이 거무스름하게 배면 불을 끈다. 삼겹살을 도톰하게 썬 뒤 접시에 깔아놓은 부추와 양파 위에 올린다.

차돌박이유자무침

다소 기름기가 많아서 먹는 데 부담이 될 수 있는 차돌박이에
상큼한 유자소스를 곁들여 짭싸름한 영양부추와 함께 먹는 맛이 일품인 요리입니다.
손님이 오시거나 특별한 날이면 빠지지 않고 우리 집 식탁에 올라가는 메뉴 중 하나예요.

 2~3인분 | 35분

주재료
차돌박이 250g
영양부추 1줌(80g)

부재료
치커리 50g
방울토마토 300g
양파 ½개

차돌박이 양념
간장 1숟가락 + 다진 마늘 약간 +
청주 1숟가락 + 후춧가루 약간

유자소스
설탕 1숟가락 + 식초 4숟가락 +
유자청 3숟가락 + 소금 약간 +
다진 마늘 약간 + 올리브유 3숟가락 +
레몬즙 1숟가락

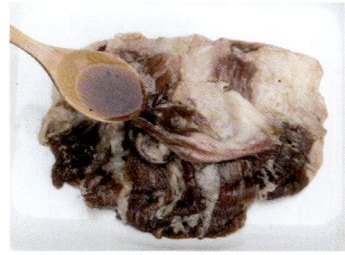

1 차돌박이는 1장씩 잘 떼어서 차돌박이 양념에 버무린다.

2 유자소스를 재료 순서대로 섞는다. 설탕이 완전히 녹으면 유자청 다음 재료들을 넣고 맨 마지막에 저으면서 올리브유를 넣는다. 냉장고에 차게 보관한다.

3 양파는 가늘게 채 썬 뒤 찬물에 5분간 담갔다가 뺀다. 방울토마토는 꼭지를 떼고 4등분한다.

4 치커리는 씻은 뒤 물기를 제거하고 한입 크기보다 작게 자른다. 부추는 손가락 1.5마디 길이로 자른다.

5 양념한 차돌박이를 마른 팬에 구워준다. 익힌 차돌박이에 유자소스를 버무린다.

6 접시에 치커리, 부추, 차돌박이, 양파채, 방울토마토 순서로 올린 뒤 유자소스를 끼얹는다.

해물솥밥

흔히 한국인은 밥심으로 산다고 하잖아요.
밥 한 가지만 맛있게 먹어도 그날의 에너지는 충분히 섭취됩니다.
향긋한 바다 내음이 담긴 해물과 고소한 쌀밥을 한 솥에 담았어요.
건강한 하루를 위해 해물솥밥 한 그릇 어떠신가요?

주재료
불린 쌀 1.5컵
새우 2마리
모시조개 6개

부재료
양파 ¼개
다시마 국물 3컵
다시마 10cm×10cm 2장
마늘 2쪽
조미김(바스러뜨린 것) 1컵
버터 1숟가락

양념장
간장 3숟가락 + 다진 마늘 0.3숟가락 +
다진 쪽파 2숟가락 + 설탕 0.3숟가락 +
다진 청양고추 0.5숟가락 +
후춧가루 약간 + 다시마 국물 2컵

1 모시조개는 찬물에 30분간 담가 해감한 후 바락바락 문질러 씻는다. 새우는 손질하고, 양파는 도톰하게 썬다.

2 솥에 불린 쌀을 넣고, 다시마 국물을 쌀 높이보다 2mm 정도 높게 붓는다.

3 새우, 모시조개, 양파, 통마늘, 다시마를 얹은 뒤 불에 올린다.

4 물이 졸아들어 쌀 높이와 비슷해지면 불을 줄이고 뚜껑을 덮는다.

5 밥 냄새가 나고 물 끓는 소리가 더 이상 들리지 않으면 불을 끈다. 5분간 뚜껑을 닫은 채로 뜸을 들인다. 바스러뜨린 김과 버터, 양념장을 올려 비벼 먹는다.

꽃게마늘소스볶음

꽃게를 껍질째 먹을 수 있기에 발라 먹는 번거로움도 없고 영양 면에서도 완벽한 균형을 유지할 수 있어 더 좋은 요리. 비타민C의 보고이면서, 매운맛 때문에 먹기 힘든 마늘을 맛있게 익혀서 단맛과 향긋한 맛을 느낄 수 있으니, 평소 마늘을 잘 안 먹는 사람들에게도 추천하고 싶은 메뉴예요.

 2인분 | 35분

주재료
꽃게 4마리

부재료
대파(흰 부분) 1대
양파 ¼개
양배춧잎 1장
풋고추 2개
말린 홍고추 2개
다진 마늘 2숟가락
다진 생강 1숟가락
캐슈너트 1숟가락(8~10개)
옥수수 전분 4숟가락
밀가루 4숟가락
포도씨유 1.5ℓ
소금, 후춧가루 약간씩

양념
스리라차 칠리소스 2숟가락 +
해선장 2숟가락 + 고추장 0.5숟가락 +
설탕 2숟가락 + 식초 2숟가락 +
간장 1숟가락 + 물 4숟가락

1 게의 뾰족한 부분은 모두 가위로 잘라낸 뒤, 다진 마늘(1숟가락)과 다진 생강의 즙을 짜 골고루 뿌린다.

2 소금, 후춧가루로 밑간을 해서 5분 정도 재운 뒤, 옥수수 전분과 밀가루 섞은 것을 고루 묻힌다.

3 180℃의 기름에서 한 번, 200℃의 기름에서 한 번 더 튀겨준 뒤 기름을 뺀다.

4 대파, 양파, 양배추, 풋고추를 잘게 다지고, 캐슈너트를 마른 팬에 살짝 볶아둔다.

5 포도씨유를 두른 팬에 ④와 말린 홍고추를 잘라 볶다가 다진 마늘(1숟가락), 양념을 넣어 소스를 만든다.

6 튀긴 게를 넣고 재빨리 볶는다.

버섯불고기와 메밀온면

혹시 자근자근 다져 만들어 입 안에서 살살 녹는 불고기 국물에다 메밀국수를 적셔 먹는 맛을 아시나요?
평양이 고향인 할아버지 덕분에 어릴 적부터 익숙해진 메뉴예요.
고소하고 쌉싸름한 메밀국수와 달콤한 불고기는 남녀노소를 막론하고 누구나 좋아한답니다.

 2~3인분 | 40분

주재료
쇠고기(불고기용) 1근(600g)
국수 2줌

부재료
양파 1개
양송이버섯 6개
대파 1대
고기 육수 2컵

양념장
간장 3숟가락 + 설탕 2.5숟가락 +
청주 2숟가락 + 참기름 0.5숟가락 +
과일주스 1숟가락 + 다진 마늘 0.5숟가락 +
물 3숟가락 + 다진 생강 0.3숟가락 +
후춧가루 약간

1. 쇠고기는 적당한 길이로 잘라 칼등으로 살짝 두들겨 연하게 만든다.

고기는 많이 두들길수록 맛이 좋아진다.

2. 양파, 대파, 양송이버섯은 먹기 좋은 크기로 썬다.

3. 양념장을 만들어 ①과 ②에 넣고 버무린다. 불고기는 오랫동안 재워두지 않아도 간이 빨리 밴다.

더 맛있게 먹으려면 2시간~하룻밤 정도 냉장고에서 숙성시킨다.

4. 달군 팬에 양념한 불고기를 올려 굽는다.

5. 고기 육수를 붓고 데운다.

6. 따로 삶아서 물기를 뺀 국수를 넣는다.

국수는 메밀면, 소면, 냉면 어떤 것이라도 상관없다.

건과일소스를 얹은 닭가슴살스테이크

단백질 식품의 대표 주자인 닭 가슴살을 스테이크로 먹는다?
닭 가슴살은 뻑뻑하다고 싫어했던 분들도 이걸 맛보면 달라질 겁니다.
촉촉하고 보드라운 닭가슴살스테이크에 달콤하면서도 씹는 맛이 있는
건과일소스를 곁들이면 특급 레스토랑 요리가 부럽지 않아요.

주재료
닭 가슴살 2쪽
건포도 1순가락
건크랜베리 1순가락
다진 호두 2순가락

부재료
버터 1순가락
포도씨유 2순가락
다진 마늘 0.5순가락
화이트와인 1컵
설탕 1순가락
소금 약간

닭 가슴살 양념
소금 0.3순가락 + 후춧가루 약간 + 화이트와인 1순가락 + 올리브유 3순가락

1 닭 가슴살은 칼집을 깊이 넣은 뒤 닭 가슴살 양념에 버무린다. 약 5분간 재워둔다.

2 건포도, 건크랜베리는 가위로 잘게 자르고, 호두는 칼로 다진다.

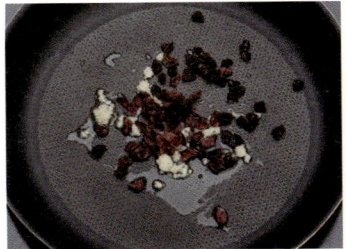

3 포도씨유를 두른 팬에 30초간 마늘을 볶고, 노릇해지면 건포도와 건크랜베리를 넣는다.

4 다진 호두와 설탕, 화이트와인을 넣고 3~4분 정도 보글보글 끓인다. 소금, 후춧가루로 밑간을 하고 불을 끈다.

고기가 탈 듯하면 불을 줄이지 말고 뒤집어가면서 구워야 속이 촉촉하고 맛있어진다.

5 다른 팬을 달궈 버터와 포도씨유를 두른 뒤, 닭 가슴살을 앞뒤로 충분히 익힌다.

6 접시에 구운 닭을 담고 ④를 뿌린다. 기호에 따라 쪽파를 얹어 먹어도 좋다.

131

두릅마늘볶음

흔히들 자양강장제 하면 떠오르는 것들이 있죠?
우리 집은 에너지 보충을 위해 두릅과 마늘을 함께 먹습니다.
두릅이 자라나는 봄철이면 잊지 않고 만들어 먹는 천연 에너지 메뉴지요.

2인분 | 25분

주재료
두릅 250g
마늘 4쪽
검은깨 1숟가락
포도씨유 2숟가락
소금, 후춧가루, 들기름 약간씩

양념
고추장 1숟가락 + 식초 1숟가락 +
꿀 1숟가락 + 다진 마늘 약간 +
간장 0.5숟가락

1 두릅은 껍질 부분을 잘라낸 뒤 칼로 긁어서 가시를 제거하고 씻는다.

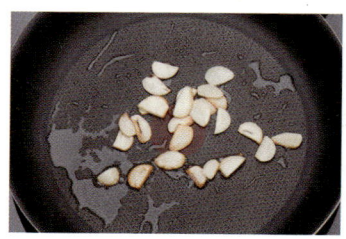

2 마늘은 편으로 썰고, 달군 팬에 포도씨유를 둘러 바삭하게 익혀 따로 담아둔다.

3 같은 팬에 두릅을 넣고 잠시 볶은 후 소금, 후춧가루로 간을 하고 검은깨, 마늘을 올린다.

4 접시에 두릅을 담고 양념과 들기름을 뿌린다.

전복마늘스테이크

바다의 영양 덩어리로 잘 알려진 전복은 최고의 보양식 식재료지요.
전복은 오래 조리하면 고무줄처럼 질겨져서 먹기가 힘드니, 마늘과 함께 살짝 볶아서 스테이크로 즐겨보세요.
입 안 가득 퍼지는 풍성한 맛과 바다의 향기에 반하실 거예요. 불끈 샘솟는 에너지는 보너스!

2인분 | 15분

주재료
전복 2개

부재료
청주 1숟가락
쪽파 약간
소금, 후춧가루 약간씩

마늘소스
다진 마늘 1숟가락 + 버터 1숟가락 +
후춧가루 약간 + 간장 0.5숟가락 +
꿀 0.5숟가락

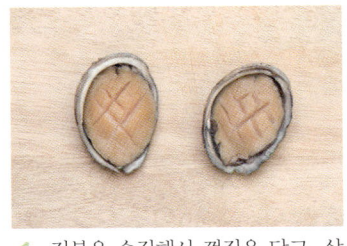

1 전복은 손질해서 껍질은 닦고, 살에는 칼집을 넣는다.

2 마늘소스를 분량대로 섞어 만든다.

3 달군 팬에 전복살과 마늘소스 약간을 넣고 청주를 뿌리면서 재빨리 겉만 익힌다.

4 송송 썬 쪽파를 얹으면 완성. 접시에 낼 때 마늘소스를 더 뿌려도 좋다.

수삼갈비찜

평범한 갈비찜은 가라! 향긋한 수삼이 고기의 누린내를 잡아줄 뿐만 아니라
영양의 균형도 맞춰주고 우리 몸의 기력 증진도 도와줘요.
수삼은 오래 넣고 끓이는 것보다 마지막에 살짝만 넣고 끓여 다 같이 먹을 수 있게 해주는 것 잊지 마세요.

2~3인분 | 1시간 50분

주재료
쇠고기(갈비찜용) 1kg
수삼(작은 것) 1뿌리

부재료
마늘 4쪽
당근 ⅓개
양파 1개
무 ⅙개
대파 1대
잣 1숟가락

양념장
간장 6숟가락 + 설탕 3숟가락 +
배즙 3숟가락 + 다진 마늘 1숟가락 +
다진 생강 0.3숟가락 + 참기름 1숟가락 +
깨소금 약간 + 후춧가루 약간

여유가 있다면 2~4시간 정도 담가놓는 게 가장 좋다.

1 갈비는 살에 칼집을 2~3군데 넣고 찬물에 30분 이상 담가 핏물을 뺀다.

모서리가 뭉그러지지 않게 깎아줘야 국물이 깨끗해진다.

2 당근, 무, 대파는 큼직하게 잘라 모서리를 돌려 깎고, 양파는 통째로 준비한다.

고기 맛을 살리기 위해 수삼은 되도록 작은 것으로 준비한다.

3 수삼은 칼등으로 껍질을 살살 벗겨주고 머리 부분(노두)을 잘라낸다. 잣은 고깔을 뗀다.

4 냄비에 물(6컵)을 넣고 팔팔 끓인 뒤 갈비를 넣는다. 30분 정도 지나면, 익은 고기는 건져내고 육수에 낀 기름과 거품은 걷어낸다.

5 육수에 양념장을 풀고 다시 고기를 넣어 20분 정도 끓인다.

6 당근, 무, 대파, 통마늘, 양파를 넣고 뚜껑을 덮어 찜 하듯이 끓인다. 채소가 모두 익으면 수삼과 잣을 뿌려 마무리한다.

해물떡찜

늘 식당에 가서만 맛보았다면 이제부터는 더 건강하고 맛있게 홈메이드로 즐겨보세요. 매콤한 양념과 감칠맛 나는 온갖 해물이 떡과 함께 냄비에 가득! 거기에 매운맛을 달달하게 희석시켜주는 건강한 홈메이드 쿨피스까지! 생각보다 만들기 어렵지 않아요.

2인분 | 30분

주재료
새우(중하) 4마리
홍합 12개
꽃게 1마리

부재료
어묵 1컵
양배춧잎 2장
양파 1개
당근 ⅓개
대파 1대
깻잎 8장
떡볶이 떡 1컵
멸치 다시마 국물 3컵
간장 1숟가락
참기름 1숟가락

찜 양념
고춧가루 4숟가락 + 고추장 2숟가락 +
청주 2숟가락 + 간장 1숟가락 +
설탕 2숟가락 + 생강즙 1숟가락 +
만능 육수 3숟가락 + 후춧가루 약간 +
다진 청양고추 1숟가락 + 참기름 약간 +
소금 약간

1 새우는 손질한 뒤 씻지 않은 채로 두고, 꽃게는 손질해서 4등분한다. 홍합은 손질해서 손으로 비벼 씻는다.

2 양파, 양배추, 당근, 깻잎 모두 한입 크기로 썰어준다.

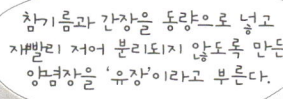

참기름과 간장을 동량으로 넣고 재빨리 저어 분리되지 않도록 만든 양념장을 '유장'이라고 부른다.

3 냄비에 멸치 다시마 국물을 붓고 부르르 끓인다.

4 넓은 그릇에 참기름과 간장을 넣고 재빨리 저어 섞은 뒤, 떡을 넣고 버무린다.

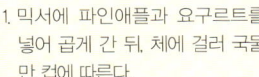

홈메이드 쿨피스

주재료
파인애플 링 4개,
요구르트 4병(800㎖)

1. 믹서에 파인애플과 요구르트를 넣어 곱게 간 뒤, 체에 걸러 국물만 컵에 따른다.
2. 자두가 제철인 여름에는 파인애플 대신 자두를 넣으면 자두 맛 쿨피스로!

5 ③에 깻잎을 제외한 모든 재료를 넣는다. 7~8분간 끓여 국물이 우러나게 한다.

6 찜 양념을 넣고, 양념이 배어들기 시작할 때 불을 끈다. 먹기 직전 깻잎을 얹는다.

닭고기양상추쌈

미국의 유명한 중국 레스토랑에서 먹던 닭고기양상추쌈을 우리 집 식탁에 재현해봤어요.
잘 볶은 닭고기와 시원하고 아삭한 양상추의 만남이 신선하고 새로울 거예요.
손님상에 올려도 손색이 없을 정도로 그릇에 담아놓으면 모양도 예쁘니 다용도로 활용해보세요.

2인분 | 30분

주재료
양상추 1통
닭 가슴살 2쪽(300g)

부재료
양파 ½개
죽순 ½개
청피망 ½개
생강 1톨
다진 마늘 0.3숟가락
춘장 2숟가락
굴소스 1숟가락
설탕 0.5숟가락
치킨브로스 4숟가락
녹말물 1~2숟가락
소금, 참기름 약간씩

닭고기 밑간
간장 0.5숟가락 + 청주 1숟가락 +
후춧가루 약간

1 양상추는 잎째로 뜯어 가위로 동그란 모양을 만든 뒤, 찬물에 담갔다가 물기를 제거한다.

2 닭고기, 양파, 피망, 죽순은 작고 네모지게 썬다. 생강은 편으로 썬다.

3 닭고기는 간장, 청주, 후춧가루로 밑간을 한다.

4 달군 팬에 포도씨유를 두르고 생강을 볶다가 다진 마늘, 양파를 넣는다.

5 닭고기와 청피망, 죽순을 넣고 볶다가 설탕을 넣은 뒤 춘장과 치킨브로스, 굴소스, 물(5숟가락)을 넣어 볶는다.

6 닭고기가 익어가면 녹말물을 넣어 농도를 맞춘 뒤 참기름을 한두 방울 떨어뜨린다. 후춧가루를 뿌린 뒤 양상추 위에 담아 낸다.

단호박오리고기볶음

육류 중 유일하게 알칼리성 식품인 오리고기, 그리고 항산화 식품으로 잘 알려진 단호박.
두 식재료가 만나면 맛도 건강도 그야말로 찰떡궁합.
달콤한 단호박과 쫄깃한 오리고기를 함께 씹는 맛도 일품입니다.

2인분 | 35분

주재료
단호박 ¼개
오리고기(로스용) 300g

부재료
양파 ¼개
당근 ⅙개
풋고추 2개
홍고추 1개
마늘 4쪽
방울토마토 8개
깻잎 6장
청주 약간
포도씨유 적당량

오리고기 밑간
청주 2숟가락 + 간장 1.5숟가락 +
다진 마늘 0.5숟가락 + 후춧가루 약간

볶음 양념
고추장 2숟가락 + 고춧가루 1숟가락 +
청주 2숟가락 + 간장 1숟가락 +
설탕 1숟가락 + 다진 마늘 0.5숟가락 +
간 사과 1숟가락 + 참기름 약간 +
후춧가루 약간

1 단호박은 전자레인지에 1~2분 정도 돌려준 뒤 반으로 잘라 씨를 발라낸다. 한입 크기로 동글려 깎는다. 마늘은 편으로 썰어둔다.

2 끓는 물에 청주를 약간 넣고 오리를 데쳐낸 뒤, 오리고기 밑간을 섞어 버무린다.

3 양파와 당근, 풋고추는 한입 크기로 썬다. 깻잎은 채 썰어서 물에 잠시 담가둔다. 방울토마토는 끓는 물에 살짝 데쳐낸 뒤 껍질을 벗긴다.

4 볶음 양념을 섞어 밑간한 오리에 버무린다.

5 기름을 두른 팬에 마늘, 방울토마토, 단호박을 볶는다.

6 토마토가 물러지면 양파, 당근, 풋고추와 함께 양념한 오리고기를 넣어 볶는다. 오리고기가 적당히 익으면 깻잎채를 올린다.

미역안심냉채

다이어트를 고민중이라면 꼭 한 번 시도해봐야 할 메뉴로 추천합니다. 칼로리는 낮고 만드는 방법이 어렵지 않으면서 맛 만족도가 아주 높은 요리예요. 소스에 들어가는 고춧가루는 체지방을 분해하는 캡사이신 성분이 많아서 오프라 윈프리가 다이어트할 때 즐겨 먹었다고 해요.
거기에 기름을 쏙 뺀 돼지고기까지 곁들이니, 아름다운 여성들을 위해 이보다 더 좋은 요리도 없겠지요?

주재료
건미역 ¼컵
돼지고기(안심) 250g

부재료
맥주 1캔
오이 1개
대파(흰 부분) 1대
소금, 후춧가루 약간씩

고추소스
고춧가루 2숟가락 + 참기름 1숟가락 +
올리브유 1숟가락 + 다진 마늘 1숟가락 +
간장 1숟가락

1 미역은 물에 15분간 담가 불린 뒤 물기를 빼둔다.

2 냄비에 물(1.5ℓ)과 맥주 1캔을 넣고 끓으면 돼지고기 안심을 넣어 삶는다.

3 오이는 평평하게 썰고, 파는 채 썰어 물에 흔들어 씻은 뒤 물기를 뺀다.

4 30분간 삶은 뒤 돼지고기를 건져 얼음물에 담갔다가 빼서 식힌 뒤 얇게 썬다.

5 달군 팬에 고추소스 재료를 모두 넣고 1분간 볶는다.

6 그릇에 얇게 썬 고기와 미역, 오이, 파채를 담고 소금, 후춧가루를 살짝 뿌린 뒤 고추소스를 올린다.

검은콩 아이스크림

아이들이 아이스크림만 찾아서 고민이던 저에게 해결책을 준 식재료가 바로 검은콩이에요. 식물성 단백질 성분이 풍부해서 자라나는 아이들에게 좋을 뿐 아니라 두뇌 발달, 노화 방지, 탈모 예방에도 효과적이라고 하니, 온 집안 식구들에게도 도움이 되는 보양 간식이 따로 없죠? 아이들이 스스로 찾아 먹게 되는 건강한 엄마표 여름 간식!

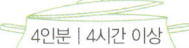

주재료
검은콩 1컵
생크림 1컵
우유 1컵
설탕 3숟가락

1. 미지근한 물에 30분간 불린 검은콩을 끓는 물에 넣고 삶는다. 15분 뒤 건져서 물기를 제거한다.

2. 달군 팬에 우유와 생크림, 삶은 검은콩을 넣고 5분간 끓인다.

3. 설탕을 넣고 1분간 더 끓인다. 설탕이 모두 녹으면 불을 끄고 실온에서 완전히 식힌다.

4. ③을 믹서에 곱게 간 뒤, 체에 한 번 내린다. 냉동고에 얼린다.

5. 중간에(약 3시간 뒤) 한 번 꺼내서 긁어준 뒤, 다시 4시간 더 얼려 완성한다.

꿀약식

할머니가 만들어주시던 개성식 약식은 서양의 페이스트리처럼 켜켜이 쌓인 모양이 독특해요.
씹는 맛까지 좋아서 손으로 들고 먹다 보면 금세 그릇이 비곤 했죠.
할머니를 생각하며 열심히 만든, 이제는 제가 아이들에게 맛보여주는 우리 집 전통 레시피예요.

4인분 | 2시간

주재료
찹쌀 4컵
밤 8톨
대추 10알
잣 2숟가락
꿀 1숟가락

양념장
간장 4숟가락 + 흑설탕 7숟가락 +
참기름 3숟가락 + 계핏가루 0.5숟가락

1 씻은 찹쌀을 물에 30분~1시간 정도 불린다.

2 밤은 껍질을 벗긴 뒤 찬물에 담가 놓고, 대추는 씨를 빼서 돌려 깎고, 잣은 고깔을 떼고 키친타월로 비벼 닦아둔다.

3 압력솥에 불린 찹쌀과 밤, 양념장을 넣고 찹쌀과 같은 높이로 물을 부어 끓인다.

4 끓기 시작하면 불을 줄여 10분간 뜸을 들이면 완성. 그릇에 옮겨 담고 꿀을 뿌린다.

전복죽

전복의 내장을 살살 터뜨려서 쌀과 함께 잘 볶아 고소한 맛을 한층 더한 초록의 전복죽은 특유의 쌉싸름한 향과 더불어 온몸을 구석구석 깨워줄 것만 같은 느낌이 드는 건강한 음식이에요. 참기름을 넣고 전복을 잘 볶은 후 죽을 끓이면 비린 맛이 전혀 없어서 평소 비린내 때문에 고민하셨던 분들도 맛있게 드실 수 있어요.

2인분 | 40분

주재료
전복 1개
쌀 1컵
참기름 1숟가락
소금 약간

1 쌀은 씻어서 30분 정도 불린다. 손질한 전복의 내장은 그릇에 따로 담아두고, 전복살은 잘게 썬다.

2 달군 냄비에 참기름을 두르고 전복 내장을 볶는다. ♨♨♨

3 불린 쌀을 넣어 볶다가 물(3컵)을 넣고 쌀알이 퍼질 때까지 저어가며 끓인다. ♨♨

4 전복살을 넣고 5분 정도 더 저으면서 끓인다. ♨

삼계탕

대표적인 여름 보양식으로 잘 알려진 삼계탕. 만드는 방법도 어렵지 않고 맛도 있어서 남녀노소 누구나 좋아하는 메뉴죠. 그동안 집에서 만들기가 엄두가 나지 않았다면 제 방법을 차근차근 따라 해보세요. 저렴한 가격으로 큰 보양 효과를 얻으실 거예요.

주재료
영계 1마리

부재료
찹쌀 1컵
마늘 2쪽
밤 2톨
대추 2알
수삼(작은 것) 1뿌리
다진 쪽파 1숟가락
양파 ½개
후춧가루 약간
소금 약간

1 찹쌀은 물에 2시간 정도 불린 뒤 물기를 빼고, 손질한 닭은 물에 씻은 뒤 물기를 빼둔다.

2 밤은 껍질을 벗겨놓고, 마늘은 꼭지를 제거하고, 수삼은 노두를 제거해 껍질을 긁어 벗겨낸 후 물에 씻는다. 대추는 칫솔로 닦은 뒤 물기를 제거한다.

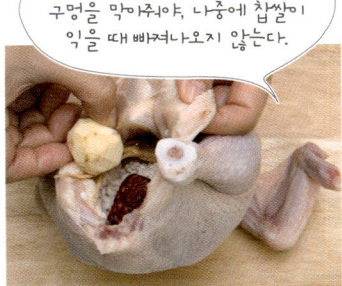

마늘처럼 큰 덩어리가 위아래의 구멍을 막아줘야, 나중에 찹쌀이 익을 때 빠져나오지 않는다.

3 닭의 배 속에 마늘, 대추, 밤, 수삼, 불린 찹쌀, 마늘, 대추, 밤, 수삼의 순서로 넣는다.

4 몸통 아래쪽에 늘어진 지방 부위의 위쪽에 칼집을 넣고 다리를 통과시켜 양쪽 다리를 꼬아준다. 어려우면 조리용 명주실로 다리를 묶어도 된다.

양파는 닭의 중성지방을 흡수하므로 함께 끓이면 건강에도 좋고, 칼로리도 낮아지며, 국물이 달고 맛있어진다.

5 냄비에 물(1.2ℓ), 닭, 양파를 넣고, 끓기 시작하면 불을 줄여 20분 정도 더 익힌다. 소금, 후춧가루로 간한 뒤 쪽파를 얹어 먹는다.

검은콩갈치조림

검은콩은 맛이 좋을 뿐만 아니라 여러 가지 효능도 있어요. 갈치조림에 넣으면 생선 비린내를 잡아주고 영양을 보완해서 특별한 갈치조림을 완성시켜주지요. 검은콩 불린 물은 버리지 말고 밥물로 사용하면 콩에서 우러난 모든 영양 성분을 알뜰하게 섭취할 수 있어요.

 2~3인분 | 55분

주재료
갈치 1마리(약 5토막)
검은콩 3숟가락

부재료
무 ⅛개
풋고추 1개
홍고추 1개
소금, 후춧가루 약간씩

조림 양념장
고춧가루 6숟가락 + 간장 2숟가락 +
설탕 0.5숟가락 + 다진 마늘 2숟가락 +
고추장 1숟가락 + 다진 파 3숟가락 +
다진 생강 0.3숟가락 + 통깨 약간 +
후춧가루 약간 + 청주 4숟가락

1 갈치는 비늘을 긁어내고 지느러미는 가위로 잘라낸 뒤, 칼집을 한두 군데 넣고 소금을 약간 뿌려둔다.

2 무는 도톰하고 네모지게 썰고, 풋고추와 홍고추는 어슷하고 큼직하게 썬다. 검은콩은 미지근한 물(3컵)에 30분 정도 불려둔다.

3 냄비에 무를 넣고 검은콩과 검은콩 불린 물, 소금을 넣고 2분간 먼저 끓인다.

4 끓이는 동안 조림 양념장을 모두 섞어둔다.

5 ③에 갈치를 얹은 뒤 조림 양념장과 고추를 올리고 뚜껑을 닫는다. 끓기 시작하면 뚜껑을 열고 10~15분간 더 끓인다.

해물탕

다양한 해물이 한 냄비에 들어가서 시원하고 칼칼한 맛이 일품인 해물탕. 해물 손질이 어려워서 엄두가 나지 않았다면 사진을 보고 차근차근 따라 해보세요. 다소 번거롭더라도 집에서 해 먹는 음식이 훨씬 맛있고 보람 있고 몸에도 좋답니다.

주재료
새우 4마리
모시조개 6개
낙지 1마리
홍합 18개

부재료
버섯(양송이, 표고, 팽이 등) 200g
양파 1개
애호박 ⅓개
무 ⅛개
알속배기 배춧잎 4장
청고추, 홍고추 1개씩
미나리 1줌
다진 마늘 1숟가락
멸치 다시마 국물 3컵

전골 양념
고춧가루 3숟가락 + 국간장 1숟가락 +
다진 마늘 1숟가락 + 청주 2숟가락 +
설탕 0.3숟가락 + 후춧가루 약간

1 모시조개는 해감해두고, 새우는 손질한 뒤 껍질은 그대로 둔다. 낙지와 홍합은 손질한 뒤 물에 씻는다.

2 버섯은 밑동을 자르고 털어 적당한 크기로 썰고, 애호박은 반달 모양으로 썬다.

3 무는 껍질을 벗긴 뒤 납작하고 네모지게 썰고, 청고추와 홍고추는 어슷하게 썰고, 마늘은 칼로 다진다.

4 알속배기 배춧잎은 씻어 한입 크기로 잘라두고, 미나리도 다듬어 씻고 비슷한 크기로 자른다. 양파도 길게 썬다.

5 전골냄비에 미나리를 제외하고 손질한 재료들을 가지런히 담고, 데운 육수를 붓고 끓인다.

6 국물이 우러나면 섞어둔 전골 양념을 넣고 3~4분간 더 끓인다. 맛이 들면 불을 끄고 미나리를 올린다.

05
가정식의 정석

매콤달콤해서 더 당기는
술안주 요리

데리야끼소스닭구이

일식 로바다야키에서 처음 맛봤던 달콤짭조름한 데리야끼소스. 만들기 어렵지 않으면서도 달큰한 맛을 내는 효과 만점 소스라서 저는 대량으로 만들어 냉장고에 넣어두고 써요. 갑자기 손님이 들이닥쳐도 이 소스를 발라 구운 닭고기만 있다면 여유만만, 자신만만이지요. 우리 집만의 만능 데리야끼소스 제조법을 소개합니다.

주재료
닭고기(안심) 6쪽
마늘 6쪽
대파(흰 부분) 2대

부재료
포도씨유 적당량
소금, 후춧가루 약간씩
산적용 꼬치 6~8개

데리야끼소스
간장 3숟가락 + 청주 3숟가락 +
설탕 1.5숟가락 + 다진 마늘 0.2숟가락 +
후춧가루 약간

1 닭고기 안심은 가위로 흰색 힘줄을 제거하고 3등분한다.

2 대파는 3cm 길이로 썰고, 깐 마늘은 꼭지를 제거해 전자레인지에 1분 정도 돌린다.

꼬치는 손잡이 쪽을 물에 담가놓은 뒤 사용하면 구울 때 타지 않는다.

3 산적용 꼬치에 대파, 닭 안심, 닭 안심, 깐 마늘의 순서로 꽂는다. 꼬치 끝의 뾰족한 부분이 보이지 않을 만큼 꽂는다. 소금과 후춧가루로 살짝 밑간을 한다.

4 팬을 달궈 포도씨유를 두른 뒤 꼬치를 올려 앞뒤로 노릇하게 익힌다.

5 닭이 어느 정도 익으면 데리야끼소스를 끼얹고 조리듯 재빨리 구워낸다. 먹기 전에 통깨나 참기름을 뿌린다. 파채를 곁들여도 좋다.

새우부추전

부추는 기력 증진과 노화 방지에 탁월한 효과가 있는 항산화 식품으로 알려져 있어요. 하지만 날것으로 그냥 먹을 경우 생각보다 많은 양을 섭취하기 어려워서 저는 항상 전으로 부쳐서 먹곤 한답니다. 여기에 담백한 새우까지 곁들이면 붉은빛이 더해져서 보기에도 좋고 씹는 맛까지 생겨요. 반죽은 냉장고에서 5일 정도 보관할 수 있으니, 미리 만들어놓고 반찬으로도 드셔보세요.

3~4인분 | 30분

주재료
- 조선부추 ½단
- 양파 ½개
- 청양고추 1개
- 새우살 ½컵(약 50g)

부재료
- 밀가루 1.5컵
- 전분 5숟가락
- 우유 ⅔컵
- 달걀 1개
- 청주 1숟가락
- 참기름 0.5숟가락
- 소금 0.2숟가락
- 간장 0.5숟가락

초간장
- 간장 2숟가락 + 식초 2숟가락

부침가루, 튀김가루 없이도 요리할 수 있어요

부침가루는 부침 요리가 바삭해지도록 밀가루에 전분과 첨가물을 넣어 오랫동안 맛이 변하지 않게 만든 제품이에요. 튀김가루 역시 기름에 튀길 때 바삭함을 유지할 수 있도록 전분 등을 섞어 밀가루의 성질을 다르게 만든 제품이죠. 두 가지 모두 밀가루와 전분만 있다면 직접 만들 수 있으니 굳이 구분해서 살 필요가 없어요. 집에서 간단히 부침용, 튀김용 밀가루를 만들고 싶다면, 바삭한 요리에는 밀가루의 10%에 전분을 섞고, 찰진 요리를 원한다면 같은 비율로 찹쌀가루나 쌀가루를 섞으면 끝! 간단하죠?

1 부추는 지저분한 것을 손질한 뒤, 손가락 두 마디 길이로 썰고, 양파는 채 썰고, 청양고추는 잘게 다진다. 새우살은 대충 다져서 청주를 뿌린다.

반죽에 우유를 넣으면 부침개가 부드럽고 고소해진다.

2 밀가루에 전분, 물(⅔컵), 우유, 달걀을 넣고 푼다. 반죽이 너무 되직하면 물보다는 우유를 넣어 조절한다.

참기름을 반죽에 넣으면 물과 섞이지 않는 기름 덕분에 깔끔한 뒷맛이 생겨 느끼함을 잡아준다.

3 소금과 간장, 참기름을 넣고 잘 섞는다.

재료와 반죽의 비율은 적어도 1:1은 되어야 한다. 보통은 재료의 양이 더 많아야 맛있다.

4 반죽에 ①을 모두 넣고 잘 버무린다.

5 달군 팬에 포도씨유를 두른 뒤 반죽을 한 국자 올려 얇게 펼친다.

6 겉면이 노르스름해지면 뒤집어서 익힌다. 초간장과 함께 낸다.

159

소시지순대볶음

한국식 소시지와 서양식 소시지가 만나 한층 재미있어지고 맛도 훌륭해진 순대볶음 요리.
올리브TV 〈홈메이드쿡〉에서 선보여 더 인기를 얻은 메뉴예요.

3~4인분 | 25분

주재료
순대 1인분(200g)
수제 소시지 2개

부재료
양배추잎 4장
양파 ½개
당근 ⅛개
대파 1대
마늘 3쪽
청고추, 홍고추 1개씩
깻잎 6장
들깻가루 2숟가락
맥주 1캔
소금, 후춧가루 약간씩
포도씨유 적당량

볶음 양념
고추장 3숟가락 + 간장 1숟가락 +
설탕 1숟가락 + 청주 2숟가락 +
사과주스 2숟가락 + 케첩 1숟가락 +
후춧가루 약간 + 참기름 1숟가락 +
통깨 1숟가락

1 냄비에 맥주와 물 1컵씩을 넣고 끓인 뒤, 사선으로 자른 소시지를 넣고 2~3분간 데쳐낸다. 냉장, 냉동 순대를 구입했다면 함께 데쳐낸다.

맥주에 소시지를 데쳐내면 훨씬 쫀득하고 탱탱해진다.

2 마늘은 꼭지를 떼서 으깨고, 양배추, 양파, 당근, 대파, 청고추, 홍고추, 깻잎은 모두 한입 크기로 썰어둔다.

3 포도씨유를 두른 팬에 마늘, 양파, 대파를 먼저 넣고 30초간 볶아 향을 낸다.

4 양배추, 당근, 청고추, 홍고추, 순대, 소시지를 넣고 재빨리 볶는다. 소금, 후춧가루로 밑간을 한다.

탈 것 같으면 물을 조금 더 넣는다.

5 볶음 양념장을 넣고 버무리듯 볶는다.

취향에 따라 소시지 대신 떡을 넣어 볶아도 맛있다!

6 양념이 배어들면 깻잎과 들깻가루를 넣는다.

순살마늘치킨

닭고기의 누린내를 잡는 데 마늘만큼 좋은 양념이 또 있을까요?
게다가 영양 성분까지 풍부하고 풍미도 돋워주어 함께 조리하면 둘도 없이 맛있는 마늘치킨이 탄생합니다.

3~4인분 | 55분

주재료
닭 정육(다릿살 발라놓은 것) 1팩

부재료
다진 마늘 1숟가락
마늘 3쪽
우유 200㎖
밀가루 3숟가락
전분 2숟가락
간장 1숟가락
소금, 후춧가루 약간씩
포도씨유 1ℓ

달콤한 초간장
간장 2숟가락 + 식초 2숟가락 +
설탕 0.3숟가락

가장 쉽게 튀김 온도 맞추는 비결을 공개합니다!

보통은 튀김 기름 온도를 맞출 때 소금이나 빵가루를 미리 넣어보곤 하는데요. 사실 이 방법은 기름이 오염되거나 크게 튀어오를 수 있으니 피하는 것이 좋습니다. 이보다는 기포의 개수를 보고 간단히 온도 재는 방법을 알려드릴게요. 긴 튀김용 나무젓가락을 이용하는 건데요, 젓가락으로 튀김팬의 바닥을 살짝 누르면 기포가 올라옵니다. 이때 기포가 거의 올라오지 않으면 160℃ 미만의 저온, 기포 10~20개 정도가 젓가락을 타고 뽀르르 올라오면 튀김하기에 적당한 180℃, 젓가락이 튀겨질 듯 기포가 한 번에 우르르 올라오면 200℃ 이상의 고온입니다.

껍질째 닭을 요리할땐 우유로 지방을 미리 빼면 누린내 걱정이 없다.

1 닭 정육은 우유에 30분 정도 재워서 쓸데없는 지방이 녹아 나오게 한다. 마늘은 꼭지를 떼고 편으로 썬다.

우유를 씻어내지 말 것. 우유 유당의 단맛이 감칠맛을 살려준다.

2 닭만 건져서 간장, 소금, 후춧가루를 넣어 버무린 뒤 다진 마늘을 넣고 다시 버무린다.

3 밀가루와 전분을 뿌려 겉면만 묻히듯 살살 버무린다.

마늘을 미리 튀기면 향이 기름에 배어 치킨에 마늘향이 더 깊게 밴다.

4 포도씨유가 180℃로 끓으면 먼저 마늘을 넣고 10초 후 바로 빼낸다.

5 버무려둔 치킨을 넣고 3분 정도 튀긴 뒤, 탁탁 쳐서 기름을 빼고 다시 튀겨주면 훨씬 바삭해진다.

6 노릇해질 때까지 튀기면 완성. 미리 튀겨낸 마늘, 초간장과 함께 먹는다. 파채를 곁들여도 좋다.

즉석감자전

어린 시절에 오대산에서 먹었던 감자전이 인상적이었어요. 할머니 한 분이 평상에 앉아 강판에 감자를 간 뒤 즉석에서 부쳐주던 그 맛을 지금도 저는 잊지 못한답니다. 하지만 강판에 감자를 갈면 색깔이 너무 빨리 변해버리니, 푸드프로세서에 약간의 양파를 넣어 함께 재빨리 가는 것이 좋아요.

3~4인분 | 25분

주재료
감자 3개

부재료
양파 ¼개, 전분 1숟가락, 소금 약간, 포도씨유 넉넉히

매운 양념 간장
간장 3숟가락 + 다진 청양고추 0.5숟가락 + 고춧가루 0.2숟가락 + 다진 마늘 약간 + 식초 0.5숟가락 + 참기름 1숟가락

갈변 방지를 위해 감자를 물에 담그면 전분 성분이 녹아 나와 전의 맛이 떨어진다.

1 감자는 껍질을 깐 뒤 큼직하게 깍둑썰기 하되, 물에 담가놓지 않는다. 양파도 비슷한 크기로 썬다.

2 푸드프로세서에 감자, 양파를 넣고 곱게 간 뒤, 전분을 넣고 섞는다. 물은 절대 넣지 않는다.

3 반죽에 소금 간을 살짝 한 뒤 달군 팬에 포도씨유를 넉넉히 둘러 반죽을 올린다.

4 가장자리가 노릇하게 부쳐지면 뒤집어준다. 매운 양념 간장을 곁들여 낸다.

고등어갈비

피맛골 고갈비의 맛은 상하기 직전의 고등어가 비결이었다고 해요. 그만큼 숙성이 중요하다는 이야기겠죠?
집에서는 그렇게 숙성시키기 어려우니, 대신 고등어를 막걸리에 재워 조리해보세요.
오랫동안 숙성한 것과 같은 깊은 맛이 날 뿐만 아니라 비린내까지 잡을 수 있답니다.

3~4인분 | 45분

주재료
자반고등어 1마리

부재료
막걸리 ½통(500㎖)
밀가루 3숟가락
후춧가루 약간
포도씨유 적당량

갈비 양념
간장 2숟가락 + 설탕 1숟가락 +
다진 마늘 0.3숟가락 + 청주 1숟가락 +
고추냉이 0.2숟가락 + 참기름 1숟가락 +
후춧가루 약간

> 막걸리가 짠맛도 비린내도 잡아준다.

1 고등어는 막걸리에 15분 정도 담가 놓는다.

2 막걸리에서 건져낸 후 물에 한 번 씻는다. 키친타월로 물기를 제거한 뒤 겉면에 밀가루를 고루 묻힌다.

3 팬에 기름을 넉넉히 두른 뒤 먼저 껍질 쪽이 보이게 놓는다. 앞뒤로 노르스름하게 지져낸다.

> 갈비 양념에 청양고추 다진 것을 함께 넣어도 맛있다.

4 갈비 양념을 섞어 붓고, 조리듯이 지져낸다. 후춧가루를 뿌려 완성한다. 중불 이상으로 유지해야 살이 부서지지 않는다.

참치타다키

고급 일식집에서만 먹을 수 있다고 여겨지는 참치타다키를 집에서 경제적이면서도 맛있게 만들어보세요. 우리 집이 바로 고급 일식집!

2~3인분 | 50분

주재료
냉동 참치(20cm 길이) 300g

부재료
통깨 3숟가락
검은깨 1숟가락
달걀흰자 1개
양파 ½개
어린잎 채소 2컵(50g)
빨강 파프리카 ⅓개
노랑 파프리카 ⅓개
포도씨유 적당량
얼음물

타다키소스
간장 3숟가락 + 식초 3숟가락 +
설탕 1숟가락 + 레몬즙 1숟가락 +
올리브유 3숟가락 + 고추냉이 0.2숟가락 +
후춧가루 약간

1 키친타월로 냉동 참치의 물기를 닦아낸 뒤, 겉면에 달걀흰자를 고루 바른다.

2 접시에 참깨와 검은깨를 쏟은 뒤, 냉동 참치를 굴려가며 꾹꾹 눌러 깨옷을 입힌다.

3 달군 팬에 포도씨유를 두르고 ②를 올려 겉이 노릇하게 익을 때까지 지져낸다. 약간 누르면서 구워야 깨가 잘 떨어지지 않는다.

4 다 익으면 바로 얼음물에 1~2분간 담갔다가 꺼낸다.

5 물기를 키친타월로 닦아내고 칼로 얄팍하게 썬다.

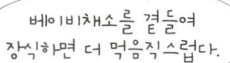

베이비채소를 곁들여 장식하면 더 먹음직스럽다.

6 양파는 채 썰어 어린잎 채소와 함께 물에 잠시 담갔다가 빼고 빨강, 노랑 파프리카는 가늘고 네모지게 썬다. 접시에 담고 위에 참치를 올려 타다키소스를 뿌린다.

새우크림크로켓

할머니가 만들어주시던 '고로케'라는 이름의 요리가 바로 새우크림크로켓이에요.
새우를 양껏 다져 넣어 만들면 보드라운 느낌에다 씹는 맛이 더해져, 어린 시절부터 즐겨 먹었던 메뉴지요.
새우 꼬리는 버리지 말고 크로켓에 장식으로 활용하면 보기에도 예쁠 뿐만 아니라
훨씬 더 먹음직스러워집니다.

주재료
새우 8마리
감자 2개

부재료
우유 2순가락, 피자 치즈 ⅔컵, 버터 1순가락,
마요네즈 2순가락, 다진 양파 2순가락,
다진 마늘 0.2순가락, 파슬리 가루 0.2순가락,
후춧가루, 소금 약간씩, 포도씨유 1ℓ

튀김옷
밀가루 2순가락, 달걀 1개, 빵가루 5순가락

타르타르소스
마요네즈 4순가락 +
다진 오이피클 1순가락 + 삶은 달걀 ½개 +
다진 양파 1순가락 + 다진 마늘 약간 +
레몬즙 약간 + 후춧가루 약간 +
식초 1순가락 + 설탕 0.3순가락

홍신애의 요리 습관

새우 맛을 살리려면 삶을 때 물을 많이 넣지 마세요

새우를 삶을 때 몇 가지 알아둬야 할 것이 있습니다. 우선 새우는 수용성 성분이 다량 함유되어 있어, 물을 많이 넣고 삶거나, 삶은 뒤 물로 헹구면 안 돼요. 또한 삶을 때는 소금도 넣지 말아야 하는데, 소금의 삼투압 현상 때문에 물에 맛이나 영양 성분이 녹아 나와 맛도 건강도 챙길 수 없기 때문입니다. 발효주는 단백질 조직을 개선해 살을 탱탱하면서도 연하게 하는 작용을 하므로, 청주나 와인 등을 넣어 삶으면 맛도 좋아지고 새우 껍질과 살도 쉽게 분리됩니다. 새우는 껍질째 익혀 먹을 때 껍질을 까는 맛도 더 있다는 것 잊지 마세요.

삶은 새우를 물로 헹구지 않아야 새우 특유의 고소한 맛이 산다.

1 냄비에 내장을 제거한 새우와 반만 잠길 정도의 물과 청주를 넣어 끓인다. 30초 정도 삶아 건진 뒤 새우 껍질을 벗겨 다진다.

2 껍질을 벗긴 감자를 6등분해서 끓는 물에 넣는다. 버터를 함께 넣고 5~7분간 삶아낸 뒤 물기를 제거한다.

감자가 뜨거울 때 마늘과 양파를 넣어야 향이 잘 배어 맛있어진다.

3 삶은 감자를 볼에 담고 다진 양파, 다진 마늘, 새우를 넣고 으깬다.

4 파슬리 가루, 피자 치즈, 버터, 마요네즈, 우유를 넣고 버무려 약간 되직하게 반죽한다. 소금, 후춧가루로 밑간을 한다.

5 반죽을 동그랗게 빚은 뒤 밀가루, 달걀, 빵가루 순서로 튀김옷을 입힌다.

온도가 180℃ 미만으로 내려가면 튀겨지기보다 기름을 머금은 찜 요리처럼 되므로 주의한다.

6 180℃의 포도씨유에 ⑤를 넣고 돌려가며 노르스름하게 튀겨낸다. 타르타르소스를 곁들여 낸다.

낙지볶음과 소면

매콤하면서도 깔끔한 낙지볶음 양념의 비결은 바로 고춧가루예요.
고춧가루를 잘 불려 사용하면 깔끔하고 칼칼한 맛을 살려서 요리할 수 있답니다.

2인분 | 25분

주재료
낙지 3마리
소면 2줌

부재료
양파 1개
마늘 2쪽
풋고추 1개
참기름 2숟가락
포도씨유 1숟가락
통깨 약간

매운 양념
고춧가루 4숟가락 + 고추장 1숟가락 +
간장 1숟가락 + 소금 0.2숟가락 +
다진 마늘 1숟가락 + 청주 2숟가락 +
참기름 1숟가락

1 손질한 낙지는 밀가루로 문질러 물에 씻고, 체에 받쳐 물기를 뺀 뒤 큼지막하게 썬다.

2 마늘은 꼭지를 떼서 칼 옆날로 눌러 살짝 으깨어주고, 양파와 풋고추는 한입 크기로 썬다.

3 낙지를 매운 양념에 버무린 뒤 5분간 재워둔다.

4 끓는 물에 2분간 소면을 삶아 건진다.

5 소면을 찬물에 헹군 뒤 물기를 빼고 참기름에 버무린다.

낙지는 오래 익히면 질겨지므로 센불에서 재빨리 익힌다.

6 달군 팬에 포도씨유를 둘러 마늘, 양파, 풋고추를 10초간 볶은 후 낙지를 넣고 익힌다. 소면과 낙지를 접시에 담고 통깨를 뿌린다.

도토리묵무침

등산을 가면 늘 사 먹게 되는 단골 메뉴 중 하나예요.
시원하고 쌉싸름한 도토리묵은 차가운 맥주와 더할 나위 없이 잘 어울리는 환상의 궁합을 자랑하죠.
물론 막걸리와 함께 먹어도 훌륭합니다.

주재료
도토리묵 1모
쑥갓 1줌(80g)
상추 4장

부재료
양파 ½개
당근 ⅛개
오이 ¼개
호두 1줌
통깨 0.5숟가락

양념장
간장 2숟가락 + 고춧가루 1숟가락 +
물 1숟가락 + 설탕 0.5숟가락 +
다진 마늘 0.3숟가락 + 참기름 2숟가락 +
후춧가루 약간

1 큰 볼에 물을 담아 도토리묵을 푹 담근 뒤 전자레인지에 3분간 돌려 살짝 보드랍게 만든다.

2 위쪽의 딱딱하고 두꺼운 부분을 칼로 도려낸 뒤 도톰하게 썬다.

> 물기 제거는 무침, 샐러드 요리의 핵심! 물기가 남아 있으면 맛이 살지 않는다.

3 쑥갓은 연한 이파리를 떼어서 씻고, 양파는 채 썰고. 오이와 당근은 한입 크기로 어슷하게 썬다. 상추도 씻어서 한입 크기로 자른다.

4 호두는 마른 팬에 잠시 볶아 수분을 날린 뒤 따로 담아 식힌다.

> 간장은 절반만 쓰고, 멸치액젓이나 까나리액젓을 0.5숟가락 넣으면 훨씬 깊은 맛이 난다.

5 양념장을 분량대로 섞어 준비한 후 도토리묵에 버무린다.

> 채소는 양념에 절지 않게 맨 나중에 넣어 무쳐야 도토리묵과 양념의 균형이 잘 맞는다.

6 잘라둔 채소를 넣어 살살 버무린 뒤 호두와 통깨를 뿌린다.

새우달걀부추볶음

대학생 때 알게 된 중국인 친구가 알려준 요리예요.
재빨리 볶아낸 달걀도 술안주로 썩 어울린다는 걸 그때 처음 알았어요.
의외의 조합이 신선하고 인상적이어서, 지금까지도 재빨리 무언가를 만들어야 할 때 애용하는 요리랍니다.

3~4인분 | 50분

주재료
조선부추 ⅓단
달걀 3개
새우(중하) 4마리

부재료
양파 1개
홍고추 1개
참기름 0.3숟가락
포도씨유 2숟가락
전분 1숟가락
소금, 후춧가루 약간씩

양념장
간장 1숟가락 + 청주 1숟가락 +
굴소스 1숟가락 + 설탕 0.5숟가락 +
식초 1숟가락

1 부추는 지저분한 부분을 제거한 뒤 씻어 뿌리 쪽을 잘라내고, 손가락 두 마디 길이로 썬다. 양파는 가늘게 썰어둔다.

2 홍고추는 씨 부분을 털어낸 후 안쪽을 칼로 얇게 저며 잘라내고 길이대로 길게 채 썬다. 내장을 제거한 새우는 등쪽을 갈라 나비 모양으로 펼친다.

3 달걀은 풀어놓고, 전분도 물(3숟가락)에 개어둔다. 양념장도 모두 섞는다.

4 넓은 팬에 포도씨유를 두르고 달군 뒤 양파와 홍고추를 넣어 볶는다. 10초 뒤 새우를 넣고 색이 붉게 변하면 부추를 넣고 한두 번 뒤적인 뒤 양념장을 넣는다. 🔥🔥🔥

기름이 부족해서 빡빡해지면 포도씨유를 1숟가락 정도 더 넣는다.

5 양념이 잘 섞이면 전분물을 넣은 뒤 재빨리 뒤적인다. 약간 뭉치는 듯하면 풀어놓은 달걀을 넣는다. 🔥🔥🔥

6 달걀이 거의 다 익으면 불을 끄고 계속 뒤적여 여열로 조리한다. 참기름과 후춧가루를 뿌려 마무리한다.

파닭

어느새 전국적으로 유행하고 있는 국민 야식, 파닭. 집에서 만들기도 어렵지 않아요.
주문해서 배달되는 30분이면 직접 후다닥 만들 수 있는 파닭 레시피를 공개합니다.

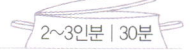
2~3인분 | 30분

주재료
닭 날개 1팩(약 18개)

부재료
양상추 4장, 파채 1줌, 우유 500㎖,
포도씨유 1.5ℓ, 소금, 후춧가루 적당량

튀김옷
밀가루 3숟가락 + 옥수수 전분 3숟가락

파 소스
간장 2숟가락 + 식초 2숟가락 +
설탕 1숟가락 + 사과주스 1숟가락 +
다진 청양고추 1숟가락 + 레몬즙 1숟가락 +
후춧가루 약간 + 고추냉이 약간

1 닭은 우유에 30분간 재웠다가 건진 뒤 소금, 후춧가루 간을 넉넉하게 한다.

2 밀가루와 옥수수 전분을 섞어서 닭에 묻힌다.

3 180℃의 기름에 한 번 튀기고 건져낸 뒤 탁탁 쳐서 수분을 빼고, 200℃ 기름으로 튀겨 노르스름하게 색을 낸다. 🔥🔥🔥

4 양상추는 채 썰어서 씻은 뒤 물기를 빼서 접시에 얹는다. 그 위에 튀긴 닭을 얹고 파채를 얹은 뒤 파 소스를 뿌린다.

피시앤칩스

영국의 피시앤칩스, 우리 집에도 있다! 맥주로 반죽한 튀김옷이 훨씬 바삭하고 맛있는 진정한 맥주 안주의 갑!

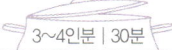
3~4인분 | 30분

주재료
대구살 1팩(400g), 감자 2개

부재료
전분 3숟가락
소금, 후춧가루, 파슬리 가루 약간씩
포도씨유 1.5ℓ

튀김옷
밀가루 4숟가락 + 전분 4숟가락 +
맥주 1컵 + 소금 약간 + 후춧가루 약간

타르타르소스
마요네즈 4숟가락 + 다진 오이피클 1숟가락 +
삶은 달걀노른자 1개 + 다진 양파 0.5숟가락 +
다진 마늘 0.3숟가락 + 레몬즙 약간 +
후춧가루 약간 + 파슬리 가루 약간

1 대구살은 소금, 후춧가루로 밑간해서 전분을 묻힌 뒤, 탁탁 털어둔다.

2 감자도 얇게 자른 뒤 소금, 후춧가루로 밑간을 하고 전분에 버무린다.

3 분량대로 튀김옷 재료를 섞는다.

4 대구살과 감자에 튀김옷을 입힌 뒤 180℃의 포도씨유에 튀겨낸다. 타르타르소스와 함께 낸다.

새우볶음우동

통통한 면발의 우동 국수를 잘 삶아서 볶으면 입 안 가득 행복이 밀려와요.
짭쪼롬한 소스와 함께 갖은 채소와 새우 혹은 다양한 종류의 고기를 볶아 만들어보세요.

3~4인분 | 30분

주재료
새우 4마리
우동 면 1봉지

부재료
양파 ½개
건고추 1개
빨강 파프리카 ¼개
청경채 2포기
마늘 2쪽
땅콩 1숟가락
포도씨유 약간

볶음 소스
간장 1숟가락 + 설탕 2숟가락 +
식초 1숟가락 + 청주 2숟가락 +
굴소스 2숟가락 + 후춧가루 약간 +
다진 마늘 0.5숟가락 + 참기름 0.3숟가락

1 우동 면은 끓는 물에 1분 정도 삶은 뒤 찬물에 잘 헹궈 물기를 빼둔다.

2 파프리카, 양파는 가늘게 채 썰고, 건고추는 얄팍하고 어슷하게 썰고 청경채는 이파리들을 떼어서 씻는다.

3 새우는 꼬리만 제외하고 나머지 껍질을 제거한 후 등 쪽을 가른다. 마늘은 편으로 썰고, 볶음 소스는 섞어둔다.

4 달군 팬에 포도씨유를 두르고 마늘과 양파, 건고추를 볶다가 새우, 파프리카를 넣어 익힌다.

5 볶음 소스를 넣고 끓기 시작하면 우동 면과 청경채를 넣어 뒤적이면서 볶아준다. 포도씨유를 1숟가락 정도 더 넣고 재빨리 볶는다.

6 땅콩을 대충 다져 뿌려 마무리한다.

주삼불고기

통통한 주꾸미와 한국인이 좋아하는 삼겹살을
매콤한 양념으로 볶아 내면 깔끔한 소주와 참 잘 어울려요.

주재료
주꾸미 2마리
삼겹살 3~4줄(200g)

부재료
양파 ½개
풋고추 2개
홍고추 1개
양송이버섯 4개
포도씨유 1숟가락
다진 쪽파 1숟가락

매운 양념
고춧가루 2숟가락 +고추장 1숟가락 +
간장 1숟가락 + 설탕 1숟가락 +
청주 2숟가락 + 다진 마늘 1숟가락 +
참기름 1숟가락 + 후춧가루 약간

> 고기는 약간 크게 잘라둬도 익고 나면 먹기 적당한 크기로 줄어든다.

1 손질한 주꾸미는 먹기 적당한 크기로 자르고, 삼겹살은 한입 크기보다 조금 크게 잘라둔다.

2 매운 양념은 미리 섞어둬서 고춧가루가 잘 불게 한다.

3 양파, 풋고추, 홍고추는 씻은 뒤 작게 썰고, 양송이버섯은 겉만 키친타월로 살짝 닦은 뒤 4등분한다.

> 너무 오래 재우면 물이 생겨 맛이 없어진다.

4 섞어둔 양념에 주꾸미와 삼겹살을 넣고 버무린 뒤 5분 정도 재워둔다.

홍신애의 요리 습관

버섯은 물에 씻지 않는 것이 좋아요

버섯은 물기가 닿으면 특유의 향과 맛, 질감을 잃어버려요. 그렇기 때문에 절대 물에 씻지 않고 마른 행주나 키친타월로 겉면의 이물질만 톡톡 털어 닦아냅니다. 신선한 버섯일수록 물에 닿지 않아야 더 맛있게 먹을 수 있어요. 다만 예외가 있는데요. 시간이 오래 지나 노화가 진행된 버섯입니다. 이런 버섯은 겉에 생긴 진액 때문에 세균 번식의 우려가 있으므로 물에 잘 닦은 후 조리해야 안전합니다.

5 달군 팬에 포도씨유를 둘러 양파, 풋고추, 홍고추를 20초간 볶는다. 🌶🌶🌶

> 양념이 타는 듯하면 물을 1~2숟가락 넣어가며 익힌다.

6 버섯, 주꾸미, 삼겹살을 넣고 익힌다. 마지막으로 다진 쪽파를 뿌린 뒤 불을 끈다. 🌶🌶

닭강정

인천 신포시장의 닭강정이 부럽지 않아요.
집에서 만들면 훨씬 더 깔끔하고 깨끗하게 조리해서 안심하고 먹을 수 있어요.

2인분 | 50분

주재료
닭 정육 1팩(닭다리 4개의 살을 발라낸 양)

부재료
우유 1컵
포도씨유 1ℓ
다진 땅콩 2숟가락

튀김옷
밀가루 2숟가락 + 전분 2숟가락

닭 양념
소금 0.2숟가락 + 간장 0.5숟가락 +
청주 1숟가락 + 다진 마늘 0.3숟가락

닭강정 양념
고추장 3숟가락 + 간장 0.5숟가락 +
설탕 2숟가락 + 물엿 2숟가락 +
물 2숟가락 + 다진 마늘 0.5숟가락 +
생강즙 1숟가락 + 후춧가루 약간 +
참기름 1숟가락 + 포도씨유 1숟가락 +
토마토케첩 2숟가락

우유에 담가두면 껍질의 지방이 빠져서 누린내도 제거되고 육질은 부드럽고 맛있어진다.

1 닭 정육은 껍질째로 한입 크기보다 약간 더 크게 썬 뒤 우유에 30분간 재워둔다.

2 닭을 우유에서 건져 체에 잠시 받친 뒤, 물기가 제거되면 닭 양념에 버무린다.

3 튀김옷을 만들어, ②를 골고루 묻힌다.

탁탁 치면 수분이 빠져 더 바삭해진다.

4 180℃의 기름에 튀긴다. 연하게 익은 듯하면 건져서 체에 받쳐 탁탁 친 뒤, 다시 200℃의 기름에 튀겨 노릇해졌을 때 꺼낸다.

5 다른 팬에 닭강정 양념을 넣고 끓인다.

식은 튀김을 다시 튀길 때는 겉만 살짝 데운다는 느낌으로 튀겨내야 바삭해진다.

6 닭을 넣고 볶듯이 버무린다. 다진 땅콩을 얹어 먹는다.

깐풍기

'깐풍(乾烹)'은 '마른 양념'이라는 뜻이고 '기(鷄)'는 '닭'을 의미해요.
맛있게 볶은 양념에 잘 튀긴 닭을 넣으면 뚝딱 완성되는 어렵지 않은 메뉴, 집에서도 만들어보세요.

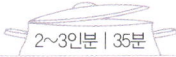
2~3인분 | 35분

주재료
닭 안심 5쪽(300g)

부재료
대파(흰 부분) 1대
생강 1톨
건고추 3개
청주 1숟가락
달걀흰자 1개
전분 3숟가락
포도씨유 1.5ℓ
소금, 후춧가루 약간씩

소스
간장 1숟가락 + 식초 0.5숟가락 +
설탕 0.5숟가락 + 포도씨유 2숟가락

1 닭은 한입 크기로 잘라 소금, 후춧가루, 청주에 버무린다.

마구 치대야 공기가 들어가서 바삭해진다.

2 볼에 달걀흰자를 넣고 거품 내듯 치댄다. 전분을 넣어 함께 섞는다.

3 닭에 ②를 입힌 뒤 180℃의 끓는 기름에 한 번 튀겨 체에 받쳐 탁탁 친 뒤, 200℃의 기름에 한 번 더 튀겨 노릇하게 만든다.

칼로 잘 썰리지 않는 건고추는 가위로 자른다.

4 대파는 잘게 다지고, 생강은 편으로 썰고, 건고추는 작게 자른다.

5 팬에 기름을 넉넉히 두르고 건고추, 생강을 넣어 잠시 볶은 뒤 대파와 소스 재료를 넣고 저으면서 끓인다.

6 튀긴 닭을 넣고 재빨리 볶아준다.

도톰탱탱달걀말이

어느 술집에 가면 책 두께만큼 도톰한 달걀말이가 나와요.
그걸 젓가락으로 반을 자르면 뜨거운 김과 함께 촉촉한 느낌이 느껴지는데요.
집에서도 그 느낌 그대로 만들 수 있어요. 불 조절만 잘하고 양손을 재빨리 움직여보세요.

3~4인분 | 25분

주재료
달걀 4개

부재료
다진 당근 1숟가락
다진 양파 1숟가락
다진 쪽파 1숟가락
다진 마늘 0.3숟가락
참기름 0.3숟가락
소금 0.2숟가락
청주 0.5숟가락
포도씨유 2숟가락

1 알끈을 제거하고 풀어놓은 달걀에 다진 당근, 다진 양파, 다진 쪽파, 다진 마늘과 참기름, 소금, 청주를 넣고 섞는다.

2 달군 팬에 포도씨유를 두르고 달걀 물을 넣는다.

3 가장자리가 익기 시작하면 숟가락 두 개로 끝에서부터 접는다.

> 나중에 여열로 익혀도 충분하기 때문에 익지 않을까봐 걱정하지 않아도 된다.

4 가운데까지 접은 뒤 말아놓은 달걀을 팬의 안쪽으로 당기고, 달걀물을 부어가며 계속 접는다. 달걀의 윗면이 다 익지 않아도 접어준다.

달걀 비린내는 참기름과 청주로 잡아 주세요

달걀 요리에 빠져서는 안 될 재료가 바로 참기름과 청주예요. 참기름은 특유의 고소한 향으로 달걀 비린내를 잡아줄 뿐 아니라 전체적인 풍미를 좋게 하고 감칠맛을 더하는 중요한 재료입니다. 청주 또한 알코올 성분이 비린내를 잡아줄뿐더러, 달걀의 단백질 성분을 탱탱하고 조직적으로 만들어줘 식감까지 좋게 해주지요. 아이 혹은 비위가 약한 분들에게 달걀 요리를 대접할 땐 참기름과 청주를 빠뜨리지 마세요.

5 끝까지 잘 만 다음 불을 끄고 팬의 뚜껑을 잠시 덮어 여열로 속까지 익힌다. 1~2분 정도면 충분하다.

6 뚜껑을 열고 30초 정도 수분을 날린 뒤 달걀말이를 꺼내서 도마에 놓고 먹기 좋은 크기로 썬다.

양념웨지감자

저는 감자를 정말 좋아해요. 감자를 큼직하게 반달 모양으로 썰어서
양념을 해서 먹는 웨지감자는 제가 맥주 마실 때 가장 즐겨 먹는 메뉴예요.
치즈를 넣고 양념을 버무려 한층 더 고소한 웨지감자!

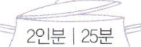

주재료
감자 4개

부재료
올리브유 3숟가락
고운 고춧가루 0.3숟가락
파마산 치즈 가루 0.5숟가락
파슬리 가루 0.5숟가락
소금, 후춧가루 약간씩

1 감자는 물에 씻어 포크로 구멍을 낸 뒤 전자레인지에 2분 정도 돌려 익힌다.

2 익힌 감자를 세로로 6~8등분한 뒤 소금과 후춧가루를 뿌려 간한다.

다음 과정을 고려해서 간은 너무 세게 하지 않는다.

3 고운 고춧가루와 파마산 치즈 가루, 파슬리 가루를 뿌린 뒤 올리브유를 넣고 버무린다.

4 200℃의 오븐에서 10~15분 정도 익히면 완성된다.

좀더 바삭하게 굽고 싶다면 중간에 한 번 뒤집어줘도 좋다.

콘샐러드

주재료 옥수수 통조림 1통, 다진 청피망, 홍피망 각각 1숟가락
양념 마요네즈 1숟가락, 플레인 요구르트 ½컵, 소금, 후춧가루 약간씩

1. 옥수수 통조림은 흐르는 물에 한 번 헹궈 불순물을 제거한 후 체에 밭쳐서 물기를 뺀다.
2. ①에 청피망, 홍피망, 마요네즈, 플레인 요구르트를 넣고 잘 버무린 후 소금과 후춧가루를 넣어 간한다.

돼지고기떡볶음

쫀득한 삼겹살과 쫄깃한 떡이 만나 최고의 궁합을 이루었어요. 떡볶이만 먹기 심심했다면, 놓치지 말고 시도해봐야 하는 메뉴예요. 떡과 돼지고기, 매콤한 양념의 완벽한 하모니!

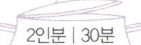

주재료
돼지고기 목살 2장(300g)
떡볶이 떡 1.5줌(150g)

부재료
양파 ½개
풋고추 2개
홍고추 1개
당근 ¼개
포도씨유 2숟가락
통깨 약간

떡 양념
간장 1숟가락 + 참기름 1숟가락

매운 양념
고춧가루 2숟가락 + 고추장 3숟가락 +
간장 2숟가락 + 설탕 2숟가락 +
다진 마늘 1숟가락 + 청주 2숟가락 +
후춧가루 약간 + 참기름 1숟가락

1 돼지고기는 칼등으로 자근자근 두드려 연하게 해준 뒤 한입 크기보다 크게 자른다.

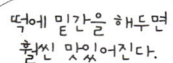
떡에 밑간을 해두면 훨씬 맛있어진다.

2 간장과 참기름은 분리되지 않게 재빨리 섞어준 후 떡을 넣고 버무린다. 매운 양념도 미리 섞어둔다.

3 양파, 풋고추, 홍고추, 당근을 고기와 비슷한 크기로 썬다.

4 떡과 돼지고기에 매운 양념을 버무려 5분 정도 재운다.

5 달군 팬에 포도씨유를 둘러 재워둔 고기와 떡을 넣고 볶는다.

6 고기의 겉면이 익기 시작하면 채소를 넣는다. 떡이 말랑해지고 고기가 모두 익으면 불을 끄고 통깨를 뿌린다.

06
가정식의 정석

몇 가지만 알면 걱정 끝!
손님상 요리

통두부불고기샐러드

일반적인 불고기나 늘 보던 두부 요리가 아니랍니다.
그릇째 먹을 수 있는 색다른 요리!
식탁에서 화기애애한 대화를 유도하는 신선한 자극이 될 거예요.

2인분 | 30분

주재료
두부 1모
쇠고기(불고기용) 150g
양파 ½개
새싹 채소 1줌(30g)
찹쌀가루 4숟가락
포도씨유 2숟가락

간장드레싱
간장 2숟가락 + 설탕 1.5숟가락 +
다진 마늘 0.3숟가락 + 고추냉이 0.2숟가락 +
식초 2숟가락 + 레몬즙 1숟가락 +
올리브유 1숟가락 + 참기름 1숟가락 +
후춧가루 약간

불고기 양념
간장 1숟가락 + 설탕 0.5숟가락 +
다진 마늘 약간 + 청주 0.5숟가락 +
후춧가루 약간 + 참기름 약간

파낸 두부는 나중에 덮밥 등에 활용한다.

1 두부는 반으로 자른 뒤 가운데 부분을 파서 그릇처럼 만든다.

2 쇠고기는 칼날로 다지듯이 두드려 연하게 만든 뒤 불고기 양념에 버무린다.

3 속을 파낸 두부에 소금을 약간 뿌린 뒤 물기를 닦아내고, 찹쌀가루를 고루 묻힌다.

4 기름을 넉넉하게 두른 팬에 두부를 넣고 사방을 노릇하게 지진다. 같은 팬에 불고기도 볶는다.

5 양파는 가늘게 채 썰어 찬물에 잠시 담가 물기를 빼고, 새싹 채소는 물에 흔들어 씻은 뒤 물기를 제거한다.

6 두부에 불고기를 넣고 양파와 새싹 채소를 올린 뒤 간장드레싱을 뿌린다.

닭볶음탕

일명 '닭도리탕'으로 알려진 매콤한 닭고기 요리, 닭볶음탕.
얼큰하고 걸쭉한 국물, 포실포실한 감자, 통통한 닭다릿살이 더해져 더욱 입맛을 돋우는데요.
몸에 최대한 건강하게, 입에는 맛있게 만드는 비결을 공개합니다.

주재료
닭(볶음탕용) 1마리(700g)

부재료
감자 2개
양파 1개
당근 ⅓개
건고추 2개
대파 1대
맥주 150㎖
포도씨유 1숟가락

닭 양념
간장 1숟가락 + 다진 마늘 0.5숟가락 +
청주 2숟가락

매운 양념
고춧가루 4숟가락 + 고추장 2숟가락 +
다진 마늘 1숟가락 + 간장 3숟가락 +
청주 4숟가락 + 설탕 1숟가락 +
참기름 0.5숟가락 + 후춧가루 약간

1 닭은 흐르는 물에 한 번 씻어 물기를 뺀 후 닭 양념에 버무린다. 매운 양념은 따로 섞어둔다.

2 감자는 껍질을 벗겨 2등분하고, 양파, 당근은 한입 크기로 썰고, 대파는 어슷하게 썬다.

3 달군 팬에 포도씨유를 둘러 닭을 넣고, 겉이 살짝 익도록 1~2분간 볶는다.

4 물(2.5컵)과 맥주를 넣고, 끓기 시작하면 감자, 건고추를 넣는다.

5 국물이 반으로 졸아들면 매운 양념, 당근, 양파를 넣고 15분간 더 끓인다.

6 국물이 자작하게 줄고 양념이 닭고기와 감자에 잘 배면 대파를 넣고 2~3분간 더 끓인다.

로즈메리안심스테이크

보통 스테이크를 구워 낼 때 로즈메리도 함께 구워 곁들여보세요.
향긋한 허브 향이 감도는 스테이크를 집에서 즐기는 특별한 경험을 해볼 수 있을 거예요.

2~3인분 | 45분

주재료
쇠고기 안심 2덩어리(덩어리당 150g)
로즈메리 2줄기

부재료
소금 0.3숟가락
후춧가루 0.2숟가락
버터 0.5숟가락
레드와인 5숟가락
포도씨유 적당량
요리용 노끈

1 로즈메리는 이파리를 떼서 칼로 대충 다진 뒤 소금, 후춧가루와 섞는다.

노끈으로 묶어두면 고기의 모양이 동그랗게 유지된다.

2 ①을 쇠고기의 양쪽 면에 고루 뿌리고 문질러 밑간을 한 뒤, 요리용 노끈으로 옆면을 둘러 감아준다.

3 달군 팬에 포도씨유를 두르고 로즈메리를 잠시 볶아 향을 낸 뒤, 쇠고기를 넣고 익힌다.

4 쇠고기의 아래쪽 ⅓ 부분까지 익은 게 보이면, 뒤집어서 옆면이 다 익을 때까지 익힌다.

센불로 익혀야 육즙이 빠지지 않고 맛있다.

5 익은 쇠고기는 은박지에 잠시 싸둔다.

6 달군 팬에 레드와인과 버터를 넣고 끓기 시작하면 약불로 줄인 뒤 1분 정도 더 끓여 소스를 완성한다. 쇠고기에 끼얹어 먹는다.

캘리포니아샐러드롤

일본식 스시를 미국에서 재해석한 요리가 캘리포니아롤이에요. 아보카도를 넣은 것이 특징인데요, 우리나라에서는 일명 '누드김밥'으로 알려져 있죠. 다양한 토핑 재료에 따라 여러 가지로 변신이 가능한 캘리포니아롤을 집에서도 간단히 만들어보세요.

주재료
구운 김(김밥용) 3장
밥 2공기

부재료
아보카도 1개
오이 1개
게맛살 6줄
날치알 4숟가락
양파 ½개
마요네즈 2숟가락
소금, 후춧가루 약간씩

날치알 양념
청주 ½컵 + 물 ½컵 + 설탕 0.3숟가락

밥 양념
설탕 1숟가락 + 식초 1숟가락 + 소금 0.2숟가락

매운 소스
마요네즈 3숟가락 + 설탕 1숟가락 + 고추장 0.5숟가락 + 청주 0.3숟가락

1 아보카도는 반으로 가른 뒤 씨를 빼내고 길이대로 썬다. 양파는 채 썬 뒤 물에 담갔다가 뺀다.

2 오이는 소금으로 문질러 물에 씻은 뒤 껍질만 돌려 깎아 채를 썬다. 소금에 5분간 절였다가 물기를 짜준다.

3 게맛살을 잘게 찢은 후 물기 뺀 오이와 양파를 넣고 마요네즈에 버무린다. 다 버무린 뒤 후춧가루를 뿌린다.

4 김의 ⅔ 정도까지 양념한 밥을 펼쳐 놓은 뒤 랩을 씌우고, 그대로 뒤집는다.

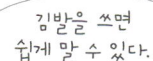

김발을 쓰면 쉽게 말 수 있다.

5 김 위에 게맛살, 아보카도를 놓고 남은 김은 잘라버린다.

6 꽁꽁 말아 모양을 잡는다. 칼에 식초를 묻혀서 썬 뒤 랩을 벗긴다. 체에 거른 날치알과 매운 소스를 뿌린다.

매콤고소토마토홍합찜

홍합이 제철인 겨울이라면 잊지 않고 해 먹는 단골 메뉴 중 하나예요. 매콤한 토마토소스와 고소한 홍합이 어찌나 잘 어울리는지 국물까지 싹싹 긁어 먹게 되는 마법의 요리랍니다.

주재료
홍합 40개(600g)

부재료
양파 1개
마늘 5쪽
셀러리 1대
방울토마토 40알
건고추 4개
올리브유 2숟가락
청주 ½컵
다시마 국물 ½컵
허브 잎 약간씩

양념
고추장 2숟가락 + 설탕 1숟가락 +
간장 1숟가락 + 다진 마늘 1숟가락

 2인분 | 30분

1 홍합은 이물질을 제거하고 껍질을 비벼 씻어준다. 양념은 미리 섞어 둔다.

2 양파, 건고추, 셀러리는 길게, 마늘은 편으로 썰고, 방울토마토는 뜨거운 물에 담갔다가 껍질을 벗긴다.

3 달군 냄비에 올리브유를 두르고 양파, 건고추, 셀러리, 마늘을 볶는다.

4 채소가 익기 시작하면 방울토마토를 넣고 5~7분 정도 볶는다.

5 홍합, 청주를 넣고 계속 볶는다.

6 다시마 국물, 양념을 넣고 불을 낮춰 끓인다. 마지막에 허브 잎을 넣는다.

허브 대신 깻잎, 쑥갓, 파슬리, 셀러리 이파리도 가능하다.

매운갈비찜

먹어도 먹어도 질리지 않는 매운갈비찜 맛의 비결은 특별한 양념 배합에 있어요.
이대로만 따라 하면 절대 실패하는 일 없는 비밀 레시피를 공개합니다!

주재료
쇠고기(찜용) 1kg

부재료
무 ⅙개
당근 ⅓개
양파 ½개
청양고추 3개
대파 1대
참기름 0.5숟가락

매운 양념
고춧가루 4숟가락 + 고추장 2숟가락 +
간장 2숟가락 + 다진 마늘 1숟가락 +
청주 3숟가락 + 생강즙 1숟가락 +
설탕 2숟가락 + 후춧가루 약간 +
참기름 1숟가락

1 쇠고기는 찬물에 2시간 정도 담가 핏물을 제거한 뒤, 겉면에 흰 막이 끼어 있으면 제거하고 살에 칼집을 한두 군데 깊이 넣는다.

청양고추는 씨를 털지 않아야 더욱 매콤한 맛이 난다.

2 무, 당근은 한입 크기로 자른 뒤 모서리를 둥글게 깎고, 양파는 크게 반으로 자른다. 청양고추는 2~3등분하고, 대파는 어슷하게 썬다.

3 매운 양념을 섞어둔다.

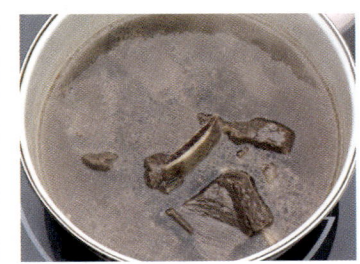

4 냄비에 물(1ℓ)을 넣고, 끓기 시작하면 고기와 청양고추 절반을 넣고 20분간 끓인다.

끓기 시작하면 뚜껑을 닫아 고기를 푹 익힌다.

5 물이 절반으로 졸아들면 채소와 매운 양념을 넣고 한두 번 뒤적인 뒤 20분 정도 조리듯이 끓인다.

떡을 넣어 끓여도 맛있다.

6 젓가락이 고기의 두꺼운 부분에 쑥 들어갈 정도로 익으면 불을 끈다. 대파와 남은 청양고추를 넣고 뒤적여 섞고 참기름을 뿌린다.

수삼새우냉채

임금님들만 먹었다던 수삼새우냉채. 생각보다 만드는 방법도 어렵지 않고, 맛도 좋고 몸에도 좋으니 기운이 떨어진다 싶은 날, 집에서도 한 번 만들어보세요.

 2인분 | 35분

주재료
수삼 1뿌리
새우(중하) 6마리

부재료
사과 ¼개
곶감 1개
부추 1줌
밤 3톨
대추 4알
잣 1숟가락
청주 3숟가락

겨자초
연겨자 0.3숟가락 + 식초 4숟가락 +
설탕 3숟가락 + 레몬즙 1숟가락 +
물 3숟가락

1 수삼은 노두 부분을 제거하고 물로 잘 닦는다. 껍질을 살살 벗겨낸 뒤, 곱게 채를 썬다.

2 손질한 새우는 끓는 물에 청주를 넣고 껍질째로 잠시 삶아 건진다. 그대로 식힌 후 껍질을 제거한다.

3 사과는 껍질째로, 밤은 껍질을 벗긴 뒤 채 썰고, 곶감은 씨를 제거한 뒤 길이대로 썰고, 부추는 손가락 두 마디 길이로 썬다. 대추는 돌려 깎은 뒤 곱게 채 썬다.

4 잣은 마른 팬에 잠시 볶아둔다.

5 겨자초 재료를 모두 섞어 차게 보관한다.

6 그릇에 부추, 삶은 새우, 수삼, 사과, 곶감, 대추, 밤을 담고 겨자초를 뿌린 뒤 잣을 얹어 마무리한다.

유자백김치말이

손님상에 올리는 음식은 하나하나 그 무엇도 정성스럽지 않은 것이 없지요. 김치 한 가지를 올리더라도 살짝 말아서 보기에 더욱 예쁘게 준비해보세요. 감동적인 식탁은 정성 어린 손길에서 나온답니다.

 4인분 | 30분

주재료
백김치 ¼포기
빨강, 노랑 파프리카 각 ¼개씩
무순 1팩
유자청 1숟가락
잣 약간
대추 4알

1 백김치는 속을 털어내고 이파리만 준비한다.

> 파프리카는 속살을 어느 정도 잘라내야 정갈해 보인다.

2 파프리카는 길고 가늘게 채 썬다.

3 대추는 돌려 깎은 뒤 채 썰고, 잣은 고깔을 뗀다.

4 백김치 안에 파프리카, 무순, 유자청, 잣, 대추를 넣고 돌돌 만다. 먹기 좋게 썰어준다.

일식달걀말이

특유의 달콤함과 보드라움이 특징인 일본식 달걀말이.
김발을 사용해 모양을 잡아주면 똑 떨어지는 깔끔한 모양새까지 갖출 수 있어 더욱 보기 좋아요.

 2~3인분 | 45분

주재료
달걀 6개

부재료
가쓰오부시 국물 ½컵
설탕 0.5숟가락
소금 0.2숟가락
청주 0.5숟가락
포도씨유 1숟가락

1 달걀은 알끈을 제거하고 거품이 나지 않게 푼 뒤, 가쓰오부시 국물과 설탕, 소금, 청주를 넣고 섞는다. 거품이 나지 않게 주의한다.

2 살짝 달군 팬에 포도씨유를 고루 두르고 달걀물 절반을 붓는다. 겉면이 익기 시작하면 달걀을 말아준다.

3 돌돌 말린 부분이 팬의 끝에 오도록 당겨주고, 남은 달걀물을 계속 붓고 말아 익혀주는 것을 반복한다. 다 말면 뚜껑을 30초간 덮어둔다.

키친타월은 뜨거운 달걀말이의 수분을 흡수해서 모양을 잡아주는 역할을 한다.

4 키친타월 위에 김발을 놓고, 완성된 달걀말이를 올린다. 한 김 식으면 힘을 줘서 돌돌 만다. 10분 뒤 달걀을 썰어서 낸다.

찹쌀과일탕수육

일명 '꿔바로우'로 잘 알려진 중국식 찹쌀탕수육.
쫄깃한 식감이 특이해서 계속 입맛을 당겨요.
찹쌀로 튀김옷을 입혀 튀기면 특유의 달짝지근한 맛이 고기의 맛을 한층 업그레이드시켜줍니다.

2~3인분 | 50분

주재료
돼지고기 안심(혹은 살코기) 400g

부재료
양파 ¼개, 홍피망 ½개, 청피망 ½개,
목이버섯 2장, 파인애플 링 2개, 사과 ¼개,
키위 1개, 달걀 1개, 전분 4숟가락,
찹쌀가루 6숟가락, 소금 약간, 포도씨유 1ℓ

고기 양념
간장 1숟가락 + 소금 0.2숟가락 + 청주 1숟가락

전분물
전분 2숟가락 + 물 4숟가락

탕수육 소스
물 1컵 + 간장 3숟가락 + 식초 4숟가락 +
설탕 7숟가락 + 참기름 0.2숟가락

1 돼지고기는 먹기 적당한 크기로 썬 뒤, 고기 양념에 버무려 1~2분간 재워둔다.

2 양파, 홍피망, 청피망, 목이버섯, 파인애플, 사과(껍질째), 키위도 모두 한입 크기로 큼직하게 자른다.

3 찹쌀가루(4숟가락)와 전분을 물(1컵)에 잘 개어 섞는다. 10분간 둔 뒤, 윗물은 따라낸다.

4 ①에 달걀을 넣고 거품을 내듯 손으로 재빨리 버무린다.

5 달걀 거품이 가라앉기 전에 ③과 소금을 넣고 비벼준다. 여기에 찹쌀가루(2숟가락)를 더 넣어 묻힌다.

6 180℃로 달군 포도씨유에 넣고 튀긴다. 2~3분 정도 지나면 체에 받쳐 탁탁 쳐준 뒤, 200℃에 노릇해지도록 튀겨낸다.

7 팬에 포도씨유를 살짝 두르고 양파, 청피망, 홍피망을 10초간 볶은 뒤 탕수육 소스를 넣는다.

8 끓기 시작하면 과일과 목이버섯, 전분물을 넣고 재빨리 끓이면서 젓는다. 튀겨놓은 돼지고기에 탕수육 소스를 뿌려서 낸다.

스프링롤

쌀국수를 파는 베트남 음식점에 가면 늘 주문해 먹는 메뉴, 스프링롤.
예쁘게 돌돌 말린 롤을 감칠맛 나는 소스에 콕 찍어 먹으면 그 맛이 일품이에요.
물론 손님상에는 직접 싸서 먹는 재미를 주는 월남쌈도 좋지만, 미리 말아놓은 스프링롤을 올려
간편하게 먹을 수 있도록 배려하는 것도 또다른 방법이랍니다.

 3~4인분 | 20분

주재료
버미셀리 쌀국수 1줌
라이스페이퍼 12장
칵테일 새우 12마리
파인애플 링 2개
양파 ¼개
빨강 파프리카 ½개
청상추 12장

늑참소스
피시소스 2숟가락 + 식초 1숟가락 +
레몬즙 1숟가락 + 다진 청양고추 0.3숟가락 +
다진 빨강 파프리카 0.3숟가락 +
설탕 0.5숟가락 +
파인애플주스 혹은 통조림 국물 1숟가락

해선장
호이진소스 2숟가락 + 다진 땅콩 0.3숟가락

피넛소스 (함께 믹서에 갈아둔다)
땅콩버터 2숟가락 + 껍질 깐 땅콩 2숟가락 +
양파 ⅛개 + 껍질 깐 사과 ⅛개 +
물 2숟가락 + 간장 0.5숟가락 +
설탕 1숟가락 + 식초 1숟가락 +
다진 마늘 약간 + 레몬즙 1숟가락

1 버미셀리 쌀국수는 찬물에 5분 정도 담가두었다가 살짝 불면, 끓는 물에 넣고 30초 뒤 건져낸다. 찬물에 바로 헹군 뒤 물기를 뺀다.

새우 꼬리를 좋아한다면 둬도 괜찮지만 라이스페이퍼를 말 때 꼬리 때문에 찢어질 수도 있다.

2 칵테일 새우는 꼬리를 떼어내고 세로로 반을 가른 뒤 레몬즙을 뿌린다. 파인애플은 작게, 파프리카와 양파는 가늘게 썬다.

3 청상추는 잘 씻어 물기를 뺀 뒤, 줄기 쪽은 잘라내고 이파리 쪽의 넓은 부분을 사용한다.

넓지만 깊이감이 있는 그릇에 불려야 라이스페이퍼가 서로 달라붙지 않는다.

4 넓은 접시에 뜨거운 물을 담고 라이스페이퍼를 넣어 잠시 불린다.

홍신애의 요리 습관

쌀국수 면은 삶는 방법이 달라요

쌀의 전분 성분은 밀가루와 달리 물에 자주 풀어지는 성질이 있어요. 그렇기에 찬물에 살짝 불리기만 해도 탱탱해집니다. 되도록 그 상태를 유지한 채 요리를 완성해야 하므로 쌀로 만든 국수는 끓는 물에 잠시만 넣었다가 빼는 방법으로 삶아야 해요. 그러면 익기만 할 뿐 탱탱한 질감은 거의 변하지 않습니다. 다른 면을 삶듯 끓는 물에 오래 두면 면이 풀어져서 먹을 수 없으니 유의해야 해요.

5 불린 라이스페이퍼 위에 청상추, 파인애플, 파프리카, 양파, 칵테일 새우 등을 넣고 쌈을 싼다. 늑참소스, 해선장, 피넛소스 등을 곁들여 낸다.

등갈비구이

'베이비백립'으로 알려져 있는 등갈비구이. 잼을 넣어서 더 부드럽고 자연스러운 단맛이 나는 소스가 우리 집 등갈비의 특징이에요. 고추장을 살짝 넣어 고기 특유의 느끼함을 잡은 것 또한 저만의 비밀 중 하나지요. 등갈비'구이'이지만 돼지고기를 어떻게 삶아서 준비하느냐가 맛을 크게 좌우한다는 걸 잊지 마세요!

2~3인분 | 3시간 20분

주재료
쇠고기 등갈비 500g

부재료
통계피 1개, 통후추 1순가락, 맥주 1캔, 소금, 후춧가루 약간씩

양념
시판 바비큐소스 4숟가락 +
고추장 2숟가락 + 다진 마늘 1숟가락 +
살구잼 2숟가락 + 양파 ⅓개 + 사과 ⅓개 +
흑설탕 1숟가락 + 간장 0.5숟가락 +
다진 생강 약간 + 물 2숟가락 +
올리브유 2숟가락

코울슬로

코울슬로는 냉장 보관을 하면 채소에서 물이 빠져 국물이 생기는데 국물은 따라버리고 먹어도 된다. 국물이 빠지고 난 후에도 아삭아삭한 맛이 살아 있어 맛있다. 냉장고 안에서 3일 정도 두고 먹을 수 있다.

주재료
양배추 ¼통, 당근 ⅙개, 양파 ½개

코울슬로드레싱
마요네즈 6숟가락 + 소금 0.2순가락 +
설탕 1.5숟가락 + 식초 1숟가락 +
씨겨자 1숟가락 + 레몬즙 약간 +
홀스래디시소스 0.3숟가락

1. 양배추, 양파, 당근은 깨끗이 씻은 뒤 가늘게 채 썰어 물에 잠시 담갔다가 물기를 제거한다.
2. 식초와 레몬즙에 설탕을 넣어 녹인 뒤 나머지 코울슬로드레싱 재료를 모두 넣고 섞는다.
3. ①과 ②를 버무린 뒤 숨이 약간 죽기 시작할 때부터 먹으면 된다.을 올린 뒤 달걀을 얹는다.

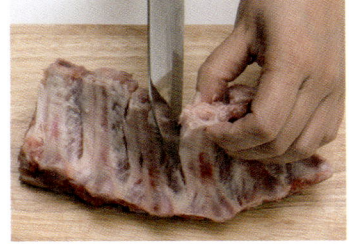

1 2시간 정도 찬물에 담가 핏물을 제거한 등갈비는 뼈 뒤쪽 피막을 제거한 뒤 칼집을 1~2cm 정도로 넣어준다.

알코올은 10분 뒤면 모두 날아가고 맥주의 보리 성분 덕분에 고기가 연해진다.

2 냄비에 등갈비가 겨우 잠길 정도의 물을 넣고, 끓기 시작하면 통후추, 통계피, 등갈비와 맥주를 넣고 20~30분간 끓인다.

3 삶은 등갈비는 건져서 키친타월로 물기를 제거한 후 소금, 후춧가루로 밑간을 한다.

4 등갈비구이 양념을 냄비에 넣고 3~4분간 끓인 뒤 믹서에 갈아둔다. 양념에 들어갈 양파와 사과는 조금 작게 썰고, 잼은 씨가 없는 과일잼을 사용한다.

5 등갈비에 양념을 고루 바른 뒤 랩을 밀착해서 30분간 재워둔다.

오븐에 물 한 그릇을 함께 넣어주면 고기가 촉촉하게 구워진다.

6 랩을 벗기고 등갈비를 달군 팬에 올려 양념을 발라주면서 굽는다. 200℃로 예열한 오븐에서 20분간 구워도 좋다.

화이트그린쌈밥과 두부쌈장

두부쌈장은 언제부터 먹었는지 기억나지 않을 정도로 오래된 우리 집만의 특별한 메뉴예요. 매운 것을 잘 먹지 못하는 아이부터 쌈장의 염분이 걱정되는 어른까지 모두 즐길 수 있는 고소하고 맛깔스러운 음식이죠. 초록색 이파리 채소와 양배추, 두 가지를 삶거나 데쳐서 같이 쌈을 싸 먹을 수 있게 준비하면 식탁이 금세 풍성해집니다.

2인분 | 35분

주재료
양배춧잎 겉장 6장
근대 8장
밥 2공기
날치알 4숟가락
닭 가슴살 통조림 ½캔

날치알 양념
청주 ½컵 + 물 ½컵 + 설탕 0.3숟가락

닭 양념
다진 마늘 0.3숟가락 + 간장 0.5숟가락 +
참기름 0.5숟가락 + 후춧가루 약간

밥 양념
설탕 0.3숟가락 + 식초 1숟가락 +
소금 약간 + 참기름 0.5숟가락

두부쌈장
고추장 3숟가락 + 두부 ½모 +
다진 마늘 0.3숟가락 + 참기름 2숟가락

근대는 빨리 데치지 않으면 푹 익어서 찢어진다. 양배추는 흐물흐물해질 때까지 삶는다.

1 끓는 물에 소금을 약간 넣고 양배추를 30초간 삶은 뒤 건져서 찬물에 담근다. 근대는 포개서 끓는 물에 넣었다가 5초 뒤 건져 찬물에 담근다.

청주와 설탕이 인공색소나 비린 맛을 제거한다. 아이가 먹을 거라면 청주 대신 물에 설탕을 타서 쓴다.

2 날치알은 날치알 양념에 1분간 담가 놓았다가 면보로 날치알만 거른다.

3 닭 가슴살 통조림은 물기를 제거한 뒤 닭 양념으로 버무리고, 두부쌈장 재료는 모두 으깨듯이 섞어둔다.

4 밥 양념을 만들어 밥에 넣고 자르듯이 섞는다.

5 양배추와 근대 위에 각각 밥과 날치알, 닭 가슴살, 두부쌈장을 넣고 베개 모양 혹은 보따리 모양으로 돌돌 만다. 두부쌈장을 곁들여 낸다.

치킨가라아게

일본식으로 양념해서 튀긴 요리를 '가라아게'라고 해요. 치킨을 자그마하게 썰어서 높은 온도에서 재빨리 튀겨내면, 겉은 바삭하고 속은 촉촉한 가라아게를 완성할 수 있죠. 일본 사람들은 소금에 찍어 먹지만 소금이 싫은 분들은 돈가스소스 등을 곁들여도 좋아요.

 2~3인분 | 30분

주재료
닭 안심 1팩(400g)

부재료
달걀노른자 1개
전분 3숟가락
밀가루 1숟가락
소금 0.3숟가락
청주 1숟가락
후춧가루 0.2숟가락
포도씨유 1.5ℓ
레몬 ⅛개
구운 소금 0.3숟가락
녹차 가루 0.1숟가락

1 닭 안심은 가위로 흰 힘줄을 잘라낸 뒤 도톰하게 2~3등분한다. 여기에 청주, 소금, 후춧가루를 순서대로 넣고 버무린다.

2 ①에 달걀노른자를 넣고 거품을 내듯이 재빨리 버무린다.

3 전분과 밀가루를 넣어 섞는다.

4 닭에 묻은 전분과 밀가루를 탁탁 털어낸 뒤 180℃로 끓는 포도씨유에 노릇해지기 전까지 튀긴다.

5 튀김팬에서 꺼내 체에 밭쳐 탁탁 쳐서 수분을 날린 뒤 200℃ 기름에 넣고 노릇해질 때까지 다시 튀긴다.

6 잘 튀겨낸 닭 안심에 레몬즙을 뿌린다. 녹차 가루를 섞은 소금을 곁들여 낸다.

아게다시도후

겉은 바삭하고 속은 촉촉한 두부튀김 요리. 재빨리 잘 지져내는 것이 관건이에요.
간장을 넣은 맛국물은 아게다시도후의 소스로 좋을 뿐 아니라 어떤 무침이나 덮밥 등에도 활용할 수 있으니, 많이 만들어서 냉장고에 보관해두고 사용하면 편하고 좋아요.

주재료
두부 1모
전분 2숟가락
가쓰오부시 1컵
파채 약간
포도씨유 4숟가락
소금 약간

맛국물
다시마 10cm×10cm 3장 +
무 10cm×10cm 1쪽 + 양파 ½개 +
간장 4숟가락 + 찬물 1ℓ + 청주 ½컵 +
설탕 4숟가락

1 두부는 정사각형으로 큼지막하게 썬 뒤, 소금을 뿌려서 5분간 놔둔다. 배어나온 물은 키친타월로 제거한다.

2 물기 뺀 두부에 전분을 고루 입힌다.

3 포도씨유를 넉넉히 두른 팬에 두부를 노릇하게 지져낸다.

4 냄비에 맛국물 재료를 넣고 끓인다. 끓기 시작하면 중불로 줄여 15분간 더 끓인다.

5 불을 끈 뒤 가쓰오부시를 넣고 10분간 두었다가 체로 국물만 받는다.

6 접시에 지진 두부와 파채를 담고 맛국물을 붓는다.

대나무통영양밥

밥 한 그릇에도 정성을 담으면 입맛을 더욱 돋우죠. 대나무 진액이 스며들어 더 향긋하고 맛있는 대나무통영양밥은 평범한 밥 한 그릇과 차원이 다른 모양새를 보여줄 수 있어서 더 좋아요. 대나무통은 인터넷으로 주문하면 하나에 500원 정도로 구입할 수 있으니 참고하세요.

2인분 | 40분

주재료
대나무통 2개
쌀 1컵
찹쌀 ½컵
죽순 1개
대추 1알
수삼 1뿌리
소금 약간
식초 4큰술

1 대나무통은 식촛물에 담가 문질러 씻은 뒤 깨끗한 물로 헹군다.

2 쌀과 찹쌀은 각각 씻은 뒤 불려놓는다.

3 죽순은 길이대로 얇게 썬다. 수삼은 노두를 제거하고, 살살 껍질을 벗긴 뒤 작게 자른다. 대추는 씻은 뒤, 돌려 깎아 가늘게 채 썬다.

4 쌀과 찹쌀을 섞어서 대나무통의 ⅔까지만 넣고, 그 위에 죽순, 대추, 수삼을 얹은 뒤 소금을 살짝 뿌린다. 물은 쌀 높이까지만 넣는다.

5 면보나 키친타월을 대나무통 위에 덮어 끈으로 고정한다.

6 전기밥솥의 ⅓ 정도까지 물을 붓고 대나무통을 넣는다. 취사 버튼을 누른다.

흑맥주스튜

벨기에의 전통 요리인 흑맥주스튜. 맥주를 끓여 만들어서 특유의 쌉싸름한 맛과 달콤한 맛이 조화를 이룬 음식이에요. 우리나라의 갈비찜과 비슷해 보여서 친숙하게 느껴지기도 해요. 깊은 맛이 나는 스튜 요리 중 제가 가장 좋아하는 메뉴랍니다.

주재료
쇠고기 등심 300g
흑맥주 1캔

부재료
당근 ½개
감자 1개
양배춧잎 2장
마늘 3쪽
양파 1개
페페로치네 5개
월계수 잎 4장
넛멕 0.2순가락
치킨브로스 350㎖
밀가루 2순가락
버터 2순가락
흑설탕 2순가락
생크림 4순가락
소금, 후춧가루 약간씩

1 당근, 감자, 양배추, 통마늘, 양파는 모두 큼지막하게 썬다. 마늘은 꼭지를 제거한다.

2 쇠고기도 한입 크기보다 조금 더 크게 썬 뒤 소금, 후춧가루로 간한다.

3 팬에 버터를 녹여 야채를 볶는다. 절반 정도 익으면 접시에 담아놓는다.

4 같은 팬에 고기를 넣고, 익기 시작하면 밀가루를 넣고 볶는다.

5 ④에 볶은 채소, 흑맥주, 치킨브로스, 월계수 잎, 넛멕, 페페로치네를 넣는다. 맨 마지막에 흑설탕을 넣는다.

6 설탕이 졸아들면 물(1컵)과 생크림을 넣고 다시 조린다. 고기가 부드러워지면 불을 끈다.

양념게장

싱싱하고 알이 통통한 게를 구했다면 주저 없이 바로 만들어 드세요. 매콤한 양념에 다진 채소를 넣어 같이 버무린 뒤 한입 베어 물면 입안에 천국이 펼쳐집니다. 양념게장을 버무린 지 하루 정도 지났다면 게살만 잘 짜내서 면에 버무려 냉면을 만드세요. 함흥냉면, 오장동 비빔냉면 모두 물리칠 기세의 맛이랍니다.

 2~3인분 | 35분

주재료
게 6마리

부재료
대파 2대
홍고추 3개
양파 1개
대파 ½대
당근 ⅓개
생강 1톨

양념장
다진 마늘 4숟가락 + 고춧가루 1컵 +
간장 ½컵 + 설탕 3숟가락 +
참기름 2숟가락 + 물엿 3숟가락 +
청주 1숟가락 + 깨소금 약간

양념게장냉면

숙성시킨 양념게장의 맛이 어우러진
환상적인 비빔냉면을 만들어보자.

주재료
양념게장 속살 1토막,
냉면 국수 1인분, 배 ⅙개,
오이 ¼개, 삶은 달걀

1. 양념게장은 속살을 발라 모아놓는다.
2. 오이와 배는 채를 썰고, 삶은 달걀은 껍질을 벗겨 반으로 자른다.
3. 냉면은 끓는 물에 삶아 씻어 물기를 뺀다.
4. 냉면을 담고 채 썬 오이와 배를 올린다. 그 위에 게장 속과 양념을 올린 뒤 달걀을 얹는다.

1. 게는 흐르는 물에 솔로 문질러 씻는다.

2. 손질한 뒤 먹기 좋게 반으로 자른다.

생강은 향을 살리기 위해 통째로 넣는다.

3. 홍고추와 양파, 대파, 당근은 작게 다지듯 썰고, 생강은 통으로 껍질만 벗긴다.

4. 양념장을 섞어 만든다.

5. 게와 ③을 한데 합쳐 양념장에 버무린다. 바로 먹어도 되고 2~3일 숙성시켜도 맛있다.

버섯수삼떡갈비

떡갈비는 뼈를 발라 먹는 모습이 남 보기에 좋지 않고 먹기에도 불편해서 개선점을 찾다가 만든 궁중 음식이라고 해요. 먹기 쉽게 뼈를 발라 살코기를 미리 다진 뒤 다시 붙여 만든 편리한 갈비 요리를 떡갈비라고 부른 거죠. 새로운 무언가가 만들어지는 것은 모두 배려에서 비롯되는 것 같아요.

 2~3인분 | 45분

주재료
쇠고기 갈비살 400g
떡볶이 떡 12개

부재료
쪽파 2대
양파 ½개
배 ¼쪽
새송이버섯 2개
수삼 2개

유장 양념
간장 1숟가락 + 참기름 1숟가락

떡갈비 양념
간장 1숟가락 + 소금, 후춧가루 약간씩 +
설탕 0.5숟가락 + 청주 1숟가락 +
다진 마늘 0.5숟가락 + 참기름 1숟가락

직접 다지기 어렵다면 다진 고기를 구입해도 좋다.

1 칼날로 쇠고기를 다진다.

2 새송이버섯과 수삼은 먹기 좋은 크기로 썰고, 쪽파는 다진다.

3 믹서에 떡갈비 양념과 양파, 배를 넣고 간다.

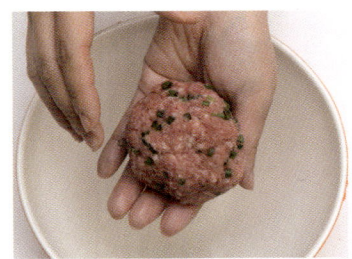

4 볼에 쇠고기와 쪽파, 믹서에 간 떡갈비 양념을 넣고 고루 치댄다.

5 떡은 살짝 삶은 뒤 유장 양념과 섞는다.

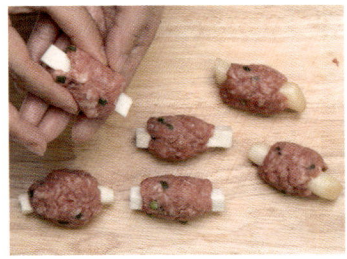

6 고기를 둥글넓적하게 빚어 새송이버섯, 수삼, 떡에 둘러 붙인다.

7 달군 팬에 포도씨유를 둘러 노릇하게 지져낸다.

궁중떡볶이

간장으로 양념을 해서 매운 음식을 싫어하는 사람들까지도 잘 먹을 수 있는 메뉴예요.
옛날에 우리나라는 기름이 귀해서 볶음 요리는 궁중에서만 먹을 수 있었다고 해요.
'궁중' 떡볶이는 초호화판 요리라고 해도 과언이 아닐 정도로 귀한 음식이었지요.

 2인분 | 40분

주재료
쇠고기 갈비살 1.2줌
떡볶이 떡 12개
애호박 ⅙개
양파 ½개
당근 ⅙개
말린 표고버섯 2장
숙주나물 ½줌
홍고추 ½개
간장 1숟가락
참기름 1숟가락

양념장
간장 3숟가락 + 설탕 1.5숟가락 +
참기름 0.5숟가락 + 다진 마늘 0.3숟가락 +
깨소금 약간 + 후춧가루 약간

1 숙주는 머리와 꼬리를 떼고 양파, 당근, 애호박, 홍고추는 적당한 크기로 썬다.

2 말린 표고버섯은 따뜻한 물에 불려 길이대로 썰고, 쇠고기는 먹기 좋은 크기로 썬다.

떡이 딱딱하게 굳은 상태라면 끓는 물에 살짝 데친다.

3 떡은 간장과 참기름을 넣어 버무린다.

4 말린 표고버섯과 쇠고기에 양념장을 넣어 버무린다.

쇠고기가 익을 때 물을 1~2숟가락 넣어 끓이면 고기가 부드러워진다.

5 달군 팬에 식용유를 두르고 양파, 당근, 애호박, 쇠고기, 표고버섯, 숙주, 홍고추의 순서로 넣어 볶는다.

6 떡을 넣어 간이 밸 때까지 볶아 마무리한다.

연어라이스케이크

밥으로 케이크를 만든다는 발상이 재미있지요?
연어를 넣어 만들어서 맛도 모양도 모두 살린 특별한 케이크예요.
도시락용으로 만들어 야외에 나가서 먹어도 근사한 한 끼 식사가 된답니다.

2인분 | 30분

주재료
밥 2공기
훈제연어 8장

부재료
오이 1개
게맛살 4개
양파 ½개
레몬 ½개
무순 약간
마요네즈 3숟가락
후춧가루 약간

밥 양념
설탕 1.5숟가락 + 식초 1숟가락 + 소금 약간

1 소금으로 문지른 오이는 물에 씻어 껍질만 돌려 깎은 뒤 채를 썰어 5분 간 절인다. 양파는 채 썬 뒤 물에 담 갔다가 뺀다.

2 게맛살은 잘게 찢어 오이와 양파, 마요네즈, 후춧가루와 버무린다.

섞다가 한 번씩 크게 휘저어주면 밥알이 잘 으깨지지 않고 윤기가 난다.

3 볼에 밥과 밥 양념을 넣고 자르듯이 섞는다. 밥이 한 덩어리가 될 때까 지 계속 반복해서 섞어준다.

4 밥그릇 안쪽 면에 랩을 붙이고, 연 어를 한 방향으로 가지런히 붙인다.

5 밥 2숟가락을 넣고 살살 눌러 모양을 잡은 뒤 ②를 얹는다. 그릇을 채울 때까지 이 과정을 반복한 뒤, 연어를 밥 위로 오므려서 랩을 덮는다.

6 손으로 위쪽을 꾹꾹 눌러 모양을 잡 아준 뒤 뒤집어서 뺀다. 랩을 제거 한 뒤 ②를 조금 더 얹고, 레몬과 무 순으로 장식한다.

07

가정식의 정석

알고 나면 사 먹기 아까운
브런치 요리

베이컨, 토스트, 스크램블에그가 있는 아메리칸 브렉퍼스트

흔히들 '아메리칸 브렉퍼스트'라고 하면 유럽식 아침식사보다 훨씬 푸짐하고 많은 양을 먹는 것으로 알고 있는데요, 사실 달걀이 올라간 아침식사를 뜻해요. 미국 사람들은 주로 아침에 달걀 요리를 먹기 때문인가봐요. 여러 가지 음식을 한 접시에 올려 먹는 미국식 브런치 요리, 집에서 가볍게 즐겨보세요!

2인분 | 40분

주재료
베이컨 2장
수제 소시지 2개(혹은 콘킹소시지 4개)
달걀 6개
통밀빵 2장

부재료
슬라이스 치즈 1장
오렌지, 사과, 멜론 등 과일 ¼개씩
맥주 1컵
생크림 3숟가락
레몬 ¼개
소금, 후춧가루 약간씩

1 냄비에 물(2컵)과 맥주를 넣고 팔팔 끓이다가, 칼집 넣은 수제 소시지를 3~4분간 삶고, 베이컨은 1분간 데쳐 건진다. 🔥🔥🔥

2 달군 팬에 기름을 두르지 않고 소시지와 베이컨의 겉면만 노릇하게 살짝 익힌다. 🔥🔥

3 달걀은 알끈을 제거하고 풀어준 뒤 생크림을 섞고 소금, 후춧가루로 밑간을 한다.

저어가며 익혀야 달걀이 촉촉하게 익는다.

4 포도씨유를 두른 팬에 달걀을 저어가며 익힌다. 80% 정도 익었을 때 불을 끈 뒤 계속 저어서 완전히 익힌다. 🔥🔥

5 익힌 달걀을 접시에 담고, 뜨거울 때 슬라이스 치즈를 작게 뜯어 올린다.

6 통밀빵은 토스트한 뒤 2등분하고, 과일은 한입 크기로 잘라 레몬즙을 뿌려서 접시에 담는다. 잼, 버터 등을 곁들인다.

블루베리머핀과 황금비율 다방커피

저는 머핀을 만들면 언제나 윗부분만 먹을 수는 없을까 하는 행복한 고민에 빠져요.
겉은 바삭하고 속은 부드러운 머핀과 심혈을 기울여 제조한 달콤한 다방커피의 환상 조합!

2인분 | 45분

주재료
- 밀가루 1.5컵
- 설탕 ⅔컵
- 포도씨유 ⅔컵
- 베이킹파우더 0.5숟가락
- 바닐라에센스 0.3숟가락
- 달걀 3개
- 소금 약간
- 사과 ¼개
- 블루베리 1컵
- 블루베리용 설탕 2숟가락
- 블루베리잼 3숟가락
- 슈가파우더 약간

황금비율 다방커피 재료
- 인스턴트커피 2숟가락
- 설탕 2숟가락
- 우유 1컵
- 물 1컵

1 오븐은 미리 180℃로 예열해두고, 블루베리는 설탕에 잘 버무린다.

2 밀가루, 소금, 설탕, 베이킹파우더는 각각 체에 내린 뒤 섞는다.

3 다른 볼에 달걀, 포도씨유, 바닐라에센스도 풀어 섞는다. 거품이 나지 않게 살살 저어준 뒤 ②와 섞는다.

4 ①, ②, ③을 섞어 컵케이크 틀에 담는다. 윗면이 노릇해질 때까지 오븐에서 15~20분간 굽는다.

5 블루베리잼과 슈가파우더를 뿌려서 장식한다.

6 냄비에 우유와 물을 넣고 끓인 뒤, 인스턴트커피와 설탕을 넣고 저어준다. 컵에 담으면 황금비율 다방커피 완성!

바나나프렌치토스트

프렌치토스트는 프랑스와 연관이 있어서 '프렌치'가 아니라 '프렌치'라는 이름의 미국인 요리사가 만든 음식이라고 해서 붙여진 이름이에요. 미국 남부 '서던인(Southern Inn)'이라는 전통 여관에서 내는 조식 중 하나도 바로 이 프렌치토스트랍니다.

2인분 | 30분

주재료
바게트 ½개
바나나 1개
달걀 2개

부재료
우유 ½컵
생크림 2숟가락
바닐라에센스 0.5숟가락
설탕 2숟가락
버터 2숟가락
메이플시럽 3숟가락
럼주 2숟가락
시나몬파우더 약간
넛멕파우더 약간
소금 약간
호두, 크랜베리 약간씩
슈가파우더 약간

1 바게트는 두께가 1.5cm 이상이 되도록 어슷하고 도톰하게 썬다.

2 달걀을 풀고 우유, 생크림, 바닐라에센스, 시나몬파우더, 설탕, 소금을 모두 섞은 뒤, 바게트를 달걀물에 1분 정도 푹 담근다.

3 팬에 버터 1숟가락을 두르고 바게트를 앞뒤로 노릇하게 구운 뒤 접시에 담는다.

4 다시 팬에 버터 1숟가락을 두르고 바나나를 썰어 넣은 뒤, 메이플시럽, 소금, 럼주를 넣고 재빨리 끓인 다음 불을 끈다.

5 프렌치토스트에 ④의 시럽을 뿌리고 체에 거른 슈가파우더와 호두, 크랜베리를 올린다.

미숫가루밀크쉐이크

주재료
우유 1½컵
바닐라아이스크림 1스쿱
미숫가루 1숟가락
땅콩 ½줌
호두 ½줌
꿀 1숟가락

1. 마른 팬에 껍질을 벗긴 땅콩과 호두를 살짝 볶는다.
2. ①과 우유, 아이스크림, 미숫가루, 꿀을 통에 넣은 뒤 핸드블렌더로 갈아준다.

241

카프레제샐러드

토마토와 모차렐라치즈를 번갈아 얹어서 흰색, 빨간색의 도드라지는 색감이 매력적인 샐러드예요. 이탈리아에선 바질을 갈아 만든 페스토소스를 곁들이거나 포도를 발효시켜 만든 발사믹식초를 곁들여 먹기도 하지요. 담백한 맛이 일품인 토마토샐러드의 최고봉!

 2인분 | 20분

주재료
모차렐라치즈 덩어리 1개
토마토 1개
레몬즙 1숟가락
소금, 후춧가루 약간씩

발사믹드레싱
발사믹식초 2숟가락 + 설탕 1숟가락 +
소금 약간 + 바질 0.2숟가락 +
다진 마늘 약간 + 올리브유 2숟가락

1 모차렐라치즈와 토마토는 절반으로 자른 뒤 반달 모양으로 얄팍하게 썬다.

2 냄비에 올리브유를 제외한 드레싱 재료를 모두 넣은 뒤 저으면서 끓인다. 끓기 시작하면 10초 후 불을 끄고 올리브유와 레몬즙을 넣는다.

3 접시에 치즈, 토마토, 치즈, 토마토를 순서대로 번갈아 가며 올린다.

4 소금, 후춧가루, 발사믹드레싱을 뿌린다.

홈메이드 바질페스토소스

페스토소스란 생재료를 갈아 만든 것을 말한다. 보통은 바질 등의 향신료를 올리브유와 섞어 만든다. 미리 만들어두고 밀폐 용기에 넣어 냉장 보관하면 7일 정도 두고 먹을 수 있다. 샐러드 드레싱이나 스테이크 소스 등으로 이용해보자.

주재료 생바질 2줌(80g), 다진 마늘 0.5숟가락, 잣 4숟가락, 파마산 치즈 가루 2숟가락, 올리브유 4숟가락, 레몬즙 0.5숟가락, 소금 약간

1. 푸드프로세서에 생바질, 다진 마늘, 소금, 파마산 치즈 가루, 잣을 넣고 'pulse' 버튼을 누른다.
2. 모든 재료가 갈리면 'on'으로 놓고 계속 돌리면서 올리브유를 조금씩 넣어준다.
3. 섞이면 전원을 끄고 레몬즙을 살짝 넣는다.

연어샐러드

훈제연어는 쌉싸름한 맛의 치커리 같은 채소와 잘 어울려요.
푸른 이파리 채소와 함께 보드라운 연어를 즐겨보세요.

2인분 | 20분

주재료
훈제연어 1팩(150g)
치커리 ⅓줌(30g)
어린잎 채소 ⅓줌(20g)
양파 ¼개
케이퍼 1숟가락
레몬 ¼개
사우어크림 1숟가락
후춧가루 약간

드레싱
식초 2숟가락 + 설탕 1숟가락 +
소금 0.2숟가락 + 다진 마늘 0.2숟가락 +
올리브유 2숟가락

1 치커리와 어린잎 채소는 물에 씻은 뒤 물기를 제거한다.

2 양파는 가늘게 채 썬 뒤 물에 5분간 담갔다가 물기를 뺀다.

3 올리브유를 제외한 드레싱 재료를 볼에 넣고 설탕을 녹인 뒤, 마지막에 올리브유를 넣어 완성한다. 차게 보관해둔다.

4 연어는 드레싱에 버무린 뒤 돌돌 말아둔다.

우유를 발효시키면 요구르트가, 생크림을 발효시키면 사우어크림이 된다. 사우어크림은 우유의 10배인 38.5% 이상의 유지방을 함유하고 있다.

5 그릇에 치커리, 어린잎 채소를 담은 뒤 돌돌 만 연어와 양파, 케이퍼를 얹고 레몬을 곁들인다. 한쪽에 사우어크림을 올리고 후춧가루를 뿌린다.

케이준치킨샐러드

패밀리레스토랑이 한창 유행일 때 케이준치킨샐러드와 허니머스터드 드레싱을 모르면
간첩 취급을 받았지요. 얇게 잘 튀겨진 닭고기와 달콤한 양겨자소스는
정말 잊지 못할 맛이죠. 이제는 집에서도 즐겨보세요.

주재료
닭 안심 6개(250g)
샐러드 채소(양상추, 상추, 어린잎 채소) 1줌(60g)
양파 ¼개
방울토마토 4개
청주 2숟가락
밀가루 3숟가락
포도씨유 1ℓ

케이준 양념
다진 마늘 1숟가락 + 고춧가루 0.3숟가락 + 후춧가루 0.2숟가락 + 바질 0.2숟가락 + 소금 0.3숟가락

허니머스터드드레싱
홀그레인머스터드(씨겨자) 2숟가락 + 마요네즈 4숟가락 + 꿀 2숟가락 + 홀스래디시(양고추냉이) 0.3숟가락 + 레몬즙 약간

2인분 | 25분

1 가위로 닭 안심의 흰색 힘줄을 제거한 뒤 청주와 케이준 양념에 섞어 5분간 재운다.

2 닭고기 겉면에 잘 붙도록 밀가루를 버무리듯 묻힌다.

3 180℃의 기름에 양념한 닭을 넣고 4~5분간 노릇하게 튀겨낸 후 기름을 뺀다. 🔥🔥🔥

4 양파는 채 썰어 물에 5분간 담갔다가 꺼내고, 방울토마토는 절반으로 썬다. 샐러드 채소는 물기를 털어낸 후 한입 크기로 뜯는다.

5 허니머스터드드레싱 재료를 섞는다.

6 그릇에 채소, 양파, 방울토마토를 담고 튀겨낸 닭을 얹는다. 허니머스터드드레싱을 뿌리거나 따로 곁들여 낸다.

시저샐러드

시저샐러드는 '시저'라는 이름의 요리사가 만든 샐러드예요. 올리브유를 반고체 상태가 될 때까지 잘 저어서 만든 드레싱에 이탈리아 상추인 로메인을 버무려 만든 것이죠.
앤초비를 넣어서 드레싱이 더 깊은 맛이 나요. 칼로 썰어 먹는 샐러드! 꼭 한 번 만들어보세요.

2인분 | 30분

주재료
로메인 2포기
식빵 2장
파마산치즈 가루 1숟가락

크루통 양념
소금 약간 + 후춧가루 약간 +
올리브유 2숟가락 +
파마산치즈 가루 2숟가락

시저드레싱
앤초비 2개 + 디종머스터드 0.5숟가락 +
케이퍼 0.5숟가락 + 다진 마늘 0.3숟가락 +
달걀노른자 1개 + 식초 1숟가락 +
생크림 2숟가락 + 올리브유 4숟가락 +
파마산치즈 가루 0.5숟가락

1 로메인은 포기째로 잘 씻어 물기를 제거한다.

2 가장자리를 떼어낸 뒤 네모지게 자른 식빵을 크루통 양념에 넣어 버무린다.

> 크루통은 바삭하게 구운 작은 빵으로, 샐러드나 수프에 뿌려 먹는다.

3 기름을 두르지 않은 프라이팬에서 앞뒤로 노릇하게 구우면 크루통이 완성된다.

4 잘게 다진 앤초비와 케이퍼는 디종머스터드, 달걀노른자, 다진 마늘과 함께 섞어준다.

5 계속 저으면서 올리브유를 조금씩 넣는다. 마요네즈와 같은 색과 농도가 될 때까지 넣는다.

6 식초와 레몬즙, 생크림, 파마산치즈 가루를 넣고 섞는다.

7 김장할 때처럼 로메인에 시저드레싱을 사이사이 바른다. 크루통과 파마산치즈 가루를 올린다. 구운 베이컨을 잘게 잘라 올려도 좋다.

단호박크림수프

단호박크림수프는 단호박 특유의 단맛과 고소한 맛, 거기에 크림의 부드러운 맛이 더해진 영양 많은 음식이에요. 평소에도 좋지만 감기에 걸렸을 때나 소화가 잘 안 될 때 먹기에 좋은 음식이랍니다. 병문안 갈 일이 있다면 단호박크림수프를 만들어 가져가시라고 추천하고 싶어요.

2인분 | 40분

주재료
단호박 ½개
생크림 4컵

부재료
우유 ½컵
월계수 잎 3장
셀러리 1숟가락
버터 0.5숟가락
밀가루 0.5숟가락
후춧가루, 소금 약간씩

자르기 힘든 단단한 단호박은 전자레인지에서 1~2분만 통째로 돌렸다가 썬다.

1 단호박은 껍질을 벗겨 납작납작하게 썰고, 셀러리는 잘게 다진다.

2 팬에 버터를 넣고 달군 후 단호박과 다진 셀러리를 넣고 2~3분간 볶다가 후춧가루와 소금으로 간한다.

밀가루를 잘 볶아야 수프가 고소해진다.

3 밀가루를 넣고 잘 저으면서 1분간 더 볶는다.

4 생크림과 우유, 월계수 잎을 넣고 10~15분간 저으면서 끓인다.

5 단호박이 푹 익어 물러지면 월계수 잎을 뺀 뒤 믹서에 곱게 간다.

진한 맛을 원한다면 단호박을 조금 더 넣어도 좋다. 늙은호박으로 요리해도 맛있다.

6 ⑤를 체에 거른 뒤 그릇에 담아 낸다. 차게 먹어도 맛있다.

미네스트로네

이탈리아식 토마토야채수프를 '미네스트로네'라고 불러요.
채소를 듬뿍 넣어서 깊은 맛이 일품이고, 셀러리나 파의 흰 부분을 넣고 끓여서
시원함이 살아 있는 서양식 국물 요리죠.

2인분 | 40분

주재료
홀토마토 1캔
치킨브로스 3캔

부재료
양파 ½개
마늘 4쪽
당근 ½개
감자 1개
양배춧잎 4장
다진 셀러리 2순가락
월계수 잎 3장
말린 바질 0.3순가락
버터 1순가락
토마토케첩 2순가락

1 감자, 양파, 당근은 씻어서 새끼손가락 한 마디 크기로 썬다. 감자는 찬물에 담갔다가 뺀다.

2 양배추는 깨끗이 씻어 한입 크기로 자르고, 마늘은 칼 옆면으로 눌러 으깬다.

3 냄비에 버터를 둘러 마늘을 넣고 볶다가, 향이 우러나면 물(1컵)과 손질한 야채들을 넣고 살짝 익힌다. 🔥

생토마토를 이용할 경우에는 끓는 물에 15초간 넣었다가 빼서 껍질을 벗긴 뒤 요리한다.

4 치킨브로스를 넣고, 끓기 시작하면 홀토마토와 월계수 잎, 말린 바질을 넣는다. 🔥🔥🔥

5 토마토케첩을 넣고 풀어준 뒤, 주걱으로 토마토를 잘라가면서 30분 정도 끓이면 완성된다. 🔥🔥

토마토치즈부루스케타

부루스케타는 작은 빵 위에 여러 가지 재료를 올려 만든 오픈샌드위치를 말해요.
이탈리아에선 주로 애피타이저로 먹는 요리로, 토마토를 얹은 것이 가장 보편적이죠.
간편하게 입맛을 돋우는 부루스케타, 이렇게 만들어요!

 2인분 | 15분

주재료
바게트 8쪽
토마토 1개
모차렐라치즈 덩어리 1개
다진 양파 2숟가락
파슬리 가루 0.3숟가락
소금, 후춧가루 약간씩

이탈리안드레싱
식초 2숟가락 + 설탕 1.5숟가락 +
소금 약간 + 다진 마늘 0.3숟가락 +
말린 오레가노 0.2숟가락 +
말린 바질 0.2숟가락 + 후춧가루 약간 +
레몬즙 약간 + 올리브유 2숟가락

1 토마토는 꼭지를 떼어 작고 네모지게 썰고, 모차렐라치즈도 토마토 두께에 맞춰 썬다.

2 이탈리안드레싱은 섞어서 차게 보관해둔다.

3 볼에 토마토, 치즈, 다진 양파, 파슬리 가루를 넣고 고루 섞는다.

4 빵 위에 올리브유를 뿌리고 ①을 얹는다. 이탈리안드레싱을 끼얹는다.

크로크무슈샌드위치

크로크무슈샌드위치는 프랑스 노동자들이 공사 현장에서 삽 위에 빵과 치즈를 얹어 불에 구워 먹은 데서 유래했어요. 우리나라의 삼겹살처럼 노동의 신성함이 담긴 음식이지요. 겉은 바삭하면서도 속은 촉촉하고, 치즈가 들어가서 더욱 고소한 샌드위치, 한두 번만 해보면 거뜬히 만들 수 있어요.

2인분 | 30분

주재료
식빵 6장
슬라이스 햄 4장
슬라이스 치즈 4장
피자 치즈 ½컵
딜 가루 약간
우유 120㎖
생크림 120㎖
버터 2숟가락
밀가루 1.5숟가락

밀가루가 갈색이 나지 않도록 볶아야 한다.

1 달군 팬에 버터를 녹인 후 밀가루를 넣는다. 밀가루의 날맛이 나지 않게 1분 이상 충분히 볶는다.

2 볼에 우유와 생크림을 넣고 잘 저어 ①에 붓는다. 농도가 되직해지면 불을 끈다. 베사멜소스 완성!

3 식빵 양쪽 면에 베사멜소스를 바른 뒤 한쪽에 햄과 슬라이스 치즈, 피자 치즈를 얹고 식빵을 덮는다. 반복해서 3단으로 만든다.

4 맨 위쪽에 베사멜소스를 바른 뒤 피자 치즈를 얹고 딜 가루를 뿌린다. 200℃의 오븐에서 10분간 혹은 노릇한 색이 날 때까지 굽는다.

크루아상에그샐러드샌드위치

크랜베리를 넣어 달콤새콤한 맛이 특징인 홍신애표 에그샐러드샌드위치.
부드럽고 고소한 크루아상은 크랜베리와 함께 영양을 보완해줄 뿐 아니라 맛도 잘 어울립니다.
모양까지 예뻐서 주말에 기분 낼 때 먹는 브런치 메뉴로 정말 딱이에요.

2인분 | 20분

주재료
미니크루아상 6개
달걀 6개
치커리 6장
양파 ¼개
건크랜베리 1숟가락

에그샐러드소스
마요네즈 2숟가락 + 설탕 0.3숟가락 + 후춧가루 약간

삶은 달걀 전체를 두드린 뒤 다시 찬물에 담갔다가 건져 뾰족한 부분부터 미끄러뜨리듯 벗기면 껍질이 잘 벗겨진다.

1 냄비에 물과 달걀을 넣고 끓기 시작한 지 15분 뒤에 건진다. 찬물에 10분간 담갔다가 껍질을 깐다. 🔥🔥🔥

건크랜베리는 칼로 자르면 날에 달라붙기 때문에 가위를 이용하는 것이 편리하다.

2 양파는 잘게 다지고, 건크랜베리도 작게 잘라준다.

3 미니크루아상은 가로로 반을 갈라 안쪽에 에그샐러드소스를 살짝 바른다.

4 따뜻한 달걀을 포크로 부순 뒤 양파와 건크랜베리, 남은 에그샐러드소스를 넣고 부수듯이 비빈다.

5 크루아상에 치커리를 깔고 ④를 넣는다.

연어베이글샌드위치

훈제연어는 특유의 풍부한 맛이 있어 양파, 무순, 케이퍼 등을 곁들이면 맛이 더욱 훌륭해집니다. '홀스래디시'라는 겨잣과 식물의 뿌리를 갈아 만든 양념을 같이 먹으면 시원하고 고소한 맛이 두 배가 되지요. 뉴요커가 부럽지 않은 연어베이글샌드위치를 집에서도 만들어 드세요.

 2인분 | 25분

주재료
훈제연어 4장
플레인 베이글 2개
양파 ¼개
케이퍼 1숟가락
무순 약간

크림치즈딜스프레드
크림치즈 100g + 다진 양파 1숟가락 +
홀스래디시 약간 + 레몬즙 약간 +
딜 가루 0.3숟가락

1 재료를 섞어 크림치즈딜스프레드를 만든다.

2 양파는 채 썰어 찬물에 30분 정도 담갔다가 건지고, 무순은 씻어둔다.

3 베이글은 반으로 가른 뒤 살짝 토스트한다.

4 구운 베이글에 ①을 바른다.

5 연어를 올린 뒤 양파채와 무순, 케이퍼를 얹고 베이글 뚜껑을 덮으면 완성!

치킨또르띠야랩샌드위치

멕시코에서 즐겨 먹는 또르띠야는 원래 옥수숫가루나 밀가루가 주재료예요.
얇게 편 또르띠야에 구운 치킨과 채소를 잔뜩 넣어 싸 먹으면 든든하고 건강하게 한 끼를 해결할 수 있지요.
집에서 만드는 홈메이드 허니머스터드소스도 꼭 한 번 맛보세요.

2인분 | 30분

주재료
닭 안심 ½팩(200g), 또르띠야 4장

부재료
양파 ¼개, 로메인 2장, 치커리 2장,
어린잎 채소 1줌, 베이컨 4장,
슬라이스 치즈 2장, 마요네즈 2숟가락,
포도씨유 1숟가락

닭 양념
소금 1숟가락 + 후춧가루 1숟가락 +
꿀 ½숟가락 + 화이트와인 1숟가락 +
씨겨자 1숟가락

허니머스터드소스
마요네즈 6숟가락 + 꿀 2숟가락 +
씨겨자 2숟가락 + 레몬즙 약간 +
홀스래디시 약간

함께 먹기

홈메이드 마요네즈

주재료
달걀노른자 3개
(신선한 유정란을 고를 것)
올리브유 1.5컵(300㎖), 소금 약간

1. 달걀노른자가 터지지 않게 볼에 담는다. 알끈은 젓가락으로 제거한다.
2. 올리브유 1숟가락을 넣은 뒤 노른자를 터뜨리면서 재빨리 휘저어 기름과 섞는다.
3. 계속 저어주면서 올리브유를 1숟가락씩 더해준다.
4. 마지막까지 올리브유를 넣은 후 소금으로 간한다. 다진 마늘이나 후춧가루 등을 더하면 마늘마요, 페퍼마요가 되어 색다른 맛을 느낄 수 있다.

1 닭 안심의 힘줄을 제거하고 소금, 후춧가루로 간한 뒤 닭 양념에 버무려 30분간 재운다.

2 양파는 길게 채 썰어 찬물에 담갔다가 뺀다. 어린잎 채소, 로메인, 치커리는 물에 흔들어 씻은 뒤 물기를 뺀다.

3 베이컨을 마른 팬에 바삭하게 지져 낸 후 기름기를 뺀다.

4 포도씨유를 두른 팬에 닭을 노릇하게 굽는다.

5 허니머스터드소스를 섞어 또르띠야 위에 바른 뒤 ②, ③, ④를 올린다.

6 슬라이스 치즈를 올리고 허니머스터드소스를 조금 더 뿌려준다. 또르띠야를 접어서 아래쪽을 감싸듯 모아준다.

튜나멜트샌드위치

통조림 참치로 만든 샐러드에 살짝 녹인 치즈를 곁들이면 다른 어떤 샌드위치도 흉내 낼 수 없을 만큼 맛있어요. 제가 카페를 운영할 때 인기 메뉴가 바로 이 샌드위치였죠.
베이글이나 식빵, 호밀빵 등에 넣어 먹으면 보다 담백하고 든든한 한 끼 식사가 됩니다.

2인분 | 20분

주재료
식빵 2쪽, 참치 통조림 1캔,
마요네즈 6숟가락

부재료
사과 ⅛개
치커리 1줌
양파 ⅛개
레몬 ⅛개
다진 양파 2숟가락
슬라이스 치즈 2장
파슬리 가루 약간
소금, 후춧가루 약간씩

1 기름을 뺀 참치에 다진 양파, 파슬리 가루, 마요네즈(4숟가락)를 넣고 버무린 뒤 레몬즙을 뿌린다.

2 치커리는 잘 씻은 뒤 물기를 털고, 양파도 가늘게 채 썬 뒤 찬물에 담갔다가 뺀다. 사과는 껍질째 얇게 썬다.

3 식빵은 살짝 토스트한 뒤 한쪽 면에 마요네즈(2숟가락)를 바른다.

4 한쪽 빵 위에 치커리, 양파, 사과와 버무린 참치를 도톰하게 얹고 다른 쪽 빵에 슬라이스 치즈를 얹는다. 200℃로 예열된 오븐에서 5~7분간 굽는다.

치킨파마산

파마산치즈를 넣어 만드는 이탈리아 전통 치킨 요리로, 닭고기 튀김옷에 치즈를 넣어 깊은 맛을 더한 특별한 요리예요. 버터를 넣고 닭을 튀겨내서 고소한 맛이 두 배죠. 치킨 대신 가지나 호박 등의 채소를 넣어 조리해도 근사한 요리가 됩니다.

2인분 | 25분

주재료
닭 안심 6쪽(약 ½팩), 달걀 1개,
밀가루 1숟가락, 빵가루 3숟가락

부재료
화이트와인 1숟가락
파마산치즈 가루 2숟가락
파슬리 가루 0.3숟가락
포도씨유 ½컵
버터 2숟가락
소금, 후춧가루 약간씩
토마토소스 혹은 발사믹드레싱
어린잎 채소

1 닭 안심은 흰색 힘줄을 가위로 자른 뒤 화이트와인을 뿌려 버무리고 소금과 후춧가루로 밑간을 한다.

2 ①에 밀가루를 묻히고, 달걀을 풀어 옷을 입힌다. 여기에 빵가루와 파마산치즈 가루, 파슬리 가루를 섞어서 튀김옷을 만들어 버무린다.

3 넓은 팬에 포도씨유를 두르고 버터를 녹인 뒤 닭 안심을 올려 익힌다.

4 앞뒤로 노릇하게 4~5분간 조리하면 완성. 토마토소스나 발사믹드레싱, 어린잎 채소와 함께 곁들이면 좋다.

치즈프리타타

프리타타는 오븐에서 조리하는 이탈리아식 오믈렛이에요.
여러 가지 재료를 넣으면 그만큼 다양한 맛을 즐길 수 있는 프리타타.
고온에서 조리하기 때문에 씹는 맛이 훨씬 살아 있는 달걀 요리입니다.

2인분 | 45분

주재료
베이컨 8장
달걀 5개
파마산치즈 가루 1숟가락
모차렐라치즈 2숟가락
체다치즈(혹은 슬라이스 치즈) 1장

부재료
시금치 1줌(약 30g)
양파 ½개
빵가루 1숟가락
생크림 ½컵
소금, 후춧가루 약간씩
올리브유 적당량

1 양파와 베이컨은 한입 크기로 도톰하게 썬다.

2 올리브유를 두른 팬에 양파와 베이컨을 볶고 거의 다 익었을 때 시금치를 넣는다. 시금치가 흐물흐물해지기 전 불을 끈다. 소금, 후춧가루로 간한다.

3 볼에 달걀과 생크림을 넣어 풀어준 뒤 소금, 후춧가루로 간한다.

4 원형 틀에 포도씨유를 코팅하듯 바른다.

5 ②를 펴서 넣고 빵가루, 파마산치즈 가루, 모차렐라치즈, 체다치즈를 작게 잘라 고루 뿌린다.

가운데가 모두 익어서 달걀물이 묻어 나오지 않을 때까지 구우면 된다.

6 ③의 달걀물을 붓고 180℃로 예열한 오븐에서 20분 정도 굽는다. 토마토소스를 곁들여도 좋다.

발사믹소스채소구이

채소는 어떻게 요리해도 맛있지만 포도를 오랜 시간 숙성시켜 만든
발사믹식초를 뿌려 구우면 훨씬 더 맛있어진답니다.
채소만으로도 충분히 메인 요리가 될 수 있다는 것을 보여주는 메뉴지요.
손님상에 내놓기에도 좋은, 정말 간단한 요리입니다.

주재료
애호박 ¼개
양파 ¼개
당근 ⅛개
아스파라거스 1줄기
수제 소시지 1개
소금, 후춧가루 약간씩

발사믹드레싱
발사믹식초 2숟가락 + 설탕 1숟가락 +
올리브유 2숟가락 + 바질 0.3숟가락 +
소금, 레몬즙 약간씩

1 애호박, 양파는 도톰하고 동그랗게 썰고, 당근은 얇고 동그랗게 썬다.

2 아스파라거스는 씻은 뒤 밑동을 자르고 손가락 길이로 썬다. 수제 소시지는 한입 크기로 자른다.

3 애호박, 양파, 당근, 아스파라거스를 소금, 후춧가루로 밑간한다.

4 달군 팬에 기름을 두르고 야채와 소시지를 노릇하게 굽는다.

5 발사믹드레싱을 넣고 살짝 끓여 마무리한다.

해물포모도로파스타

해물과 토마토의 새콤하고 풍성한 맛의 조화. 토마토에 해물을 넣을 때 이탈리아 사람들은 매콤한 고추인 페페로치네로 맛을 더합니다. 특유의 톡 쏘는 매운맛이 해물의 비린 맛을 중화해주고 토마토의 신맛을 가려주어 더욱 군침 도는 파스타를 완성시켜주지요.

2인분 | 25분

주재료
파스타(펜네 또는 리가토니) 1.5컵,
토마토소스 2.5컵(500㎖), 홍합 12개,
모시조개 10개, 오징어 ½마리

부재료
양파 ½개, 마늘 3쪽, 청양고추 1개,
올리브유 5숟가락, 밀가루 1숟가락,
와인(레드, 화이트 모두 가능) 3숟가락,
소금, 후춧가루 약간씩

1 손질한 홍합과 해감한 모시조개를 양손에 쥐고 흐르는 물에 비비듯 씻어둔다. 오징어는 손질해서 동그랗게 썬다.

2 냄비에 물을 넣고 끓기 시작하면 올리브유(2숟가락)와 소금(0.3숟가락), 파스타를 넣고 5분 정도 삶아 건진다. 올리브유(1숟가락)로 살짝 버무려둔다. 🔥🔥🔥

함께 먹어요
홈메이드 토마토소스

주재료
홀토마토 2캔, 양파 1개,
마늘 4쪽, 바질 0.3숟가락,
와인(레드, 화이트 모두 가능) ½컵,
올리브유 3숟가락, 소금 0.3숟가락,
설탕, 후춧가루 약간씩

1. 양파는 작고 네모지게 썰고, 꼭지를 뗀 마늘은 칼 옆날로 눌러서 으깬다.
2. 달군 냄비에 올리브유와 마늘, 양파를 넣어 30초간 볶은 뒤 와인을 넣고 30초간 끓인다.
3. 홀토마토와 바질을 넣고 주걱으로 으깨면서 8~10분간 중불로 끓인다. 소금과 후춧가루로 간한 뒤, 신맛이 강하면 설탕을 0.3~0.5숟가락 넣어준다.
4. 총 15분 정도 조리듯 끓여주면 단맛이 강해져 더 맛있어진다. 완성된 소스는 1회 분량씩 지퍼백에 담아 냉동하면 오래 두고 먹을 수 있다.

3 달군 팬에 올리브유(2숟가락)를 두르고 으깬 마늘과 크게 자른 청양고추, 도톰하게 썬 양파를 넣은 뒤 후춧가루와 소금으로 간한다. 🔥🔥🔥

4 20초간 볶아 향을 내고 양파가 노릇해지면 홍합, 모시조개, 오징어, 화이트와인을 넣는다. 🔥🔥🔥

5 끓기 시작하면 토마토소스를 넣고 뒤적인다. 🔥🔥🔥

6 모시조개와 홍합이 입을 열면 삶아둔 파스타를 넣고 10초 정도 재빨리 섞어준 뒤 불을 끈다. 🔥🔥

봉골레파스타

'봉골레'는 이탈리아어로, 우리나라의 바지락이나 모시조개 같은 '조개'를 뜻해요.
이 레시피에서는 무엇보다 조개를 잘 해감하는 것이 중요한데요.
물에 담가둔 뒤 문질러 씻어주면 조개 안의 이물질을 빼낼 수 있으니 꼼꼼히 손질해주세요.

2인분 | 40분

주재료
스파게티(혹은 페투치네) 2줌(80g)
모시조개 20개

부재료
올리브유 7순가락
마늘 4쪽
청양고추 1개
페페로치네 2개
소금 0.3순가락
후춧가루 약간
화이트와인 3순가락

1 모시조개는 해감한 후 손으로 비벼서 흐르는 물에 두세 번 씻는다.

2 스파게티는 끓는 물에 올리브유(3순가락)와 소금을 넣고 8분간 삶아 건진 뒤, 올리브유(1순가락)로 버무려 둔다. 면 삶은 물 4순가락 정도를 따로 덜어놓는다. 🔥🔥🔥

3 마늘은 칼 옆날로 눌러두고, 청양고추는 2~3등분한다. 페페로치네는 통째로 쓴다.

4 달군 팬에 올리브유(2순가락)를 두르고 마늘과 고추를 넣어 10초간 볶다가 모시조개를 넣고 입을 열 때까지 뒤적인다. 🔥🔥🔥

5 화이트와인을 넣고 재빨리 볶은 뒤 스파게티를 넣고 뒤적이며 볶는다. 소금, 후춧가루로 밑간을 한다. 🔥🔥🔥

6 따로 남겨둔 면 삶은 물을 넣고 20초간 더 볶다가 불을 끈다. 올리브유(1순가락)를 더해서 완성한다. 🔥🔥🔥

명란크림파스타

명란젓은 껍질을 제거하고 살만 발라 크림과 같이 조리하면, 한층 고소해지고
짠맛도 덜해집니다. 파스타 면과도 잘 어울리고, 호밀빵을 찍어 먹어도 정말 맛있죠.
특히 여성들이 좋아하는 메뉴예요.

2인분 | 20분

주재료
스파게티 2줌
명란젓 1줄
생크림 1½컵

부재료
양파 ½개
무순 혹은 깻잎 약간
밀가루 1숟가락
마요네즈 1.5숟가락
버터 1.2숟가락
청주 0.5숟가락
올리브유 약간
소금, 후춧가루 약간씩

1 스파게티는 끓는 물에 소금과 올리브유를 넣고 8~10분간 삶은 뒤, 건져내어 올리브유에 버무린다.

2 명란젓은 반으로 갈라 칼등을 이용해 알만 빼낸 후 청주와 마요네즈에 버무린다.

3 팬에 버터를 녹여 양파를 볶으며 소금, 후춧가루로 간하다가, 반쯤 익으면 밀가루를 넣고 1분간 더 볶는다.

4 생크림과 명란젓 버무린 것을 넣어 끓인다.

매번 2% 부족한 듯한 크림파스타를 완벽하게 만들려면!

밖에서 사 먹을 땐 그렇지 않은데, 종종 집에서 만든 크림파스타에서는 비릿한 맛이 나곤 합니다. 이건 밀가루를 충분히 볶지 않았기 때문인데요. 충분히 볶아줘야 밀가루의 날맛이 사라진다는 것 잊지 마세요. 또 국물이 흥건한 크림파스타가 좋다면 레시피의 절반만큼의 밀가루를 넣고 그 양만큼 생크림을 더해 끓이면 됩니다.

5 삶은 스파게티를 넣고 잘 섞어준다. 그릇에 담고 무순이나 깻잎을 올려 마무리한다.

고르곤졸라피자

꿀을 찍어 먹는 고르곤졸라피자! 특유의 꼬리꼬리한 블루치즈 냄새가 꿀의 달콤한 맛과 잘 어울려 자꾸만 손이 가는 메뉴예요. 집에서도 간단하게 만드는 방법을 소개합니다.

2인분 | 20분

주재료
또르띠야 2장
피자 치즈 2컵(200g)
고르곤졸라치즈 ½팩(40g)
사과 ⅛개
호두 2숟가락
꿀 2숟가락
올리브유 1숟가락

1 사과는 씨 부분을 제거하고 얄팍하게 썬다. 호두는 마른 팬에 볶은 뒤 칼로 대충 다진다.

2 또르띠야 위에 피자 치즈 1컵을 고루 펴서 얹는다. 그 위에 또르띠야를 다시 올리고 또 피자 치즈 1컵을 고루 펴준다.

3 고르곤졸라치즈를 군데군데 올리고, 호두도 골고루 뿌린다. 가운데는 사과를 토핑한다.

전자레인지에 돌릴 때는 1분씩 세 번 돌리는 것이 좋다.

4 전자레인지에 3분간 돌려서 치즈가 녹으면 꺼낸다. 200℃로 예열한 오븐에 치즈가 녹을 때까지 10분 정도 구워도 된다. 꿀과 올리브유를 뿌려서 낸다.

함께 먹어요

홈메이드 피클

주재료 무 ¼개, 오이 2개, 홍고추 1개, 마늘 3쪽
식촛물 식초 1.5컵 + 설탕 1.5컵 + 소금 0.5숟가락 + 월계수 잎 2장 + 통후추 1숟가락 + 화이트와인 1.5컵 + 물 ½컵

1. 무는 껍질을 벗겨 손가락 두 마디 길이로 썰고, 오이는 소금으로 문질러 물에 씻은 뒤 2cm 정도로 도톰하게 썬다.
2. 홍고추는 손가락 한 마디 길이로 썰고, 마늘은 꼭지를 제거한다.
3. 냄비에 식촛물 재료를 모두 넣고, 끓기 시작한 지 1분 정도 지나 설탕이 모두 녹으면 불을 끈다.
4. 보관 용기에 썰어둔 무와 오이, 마늘을 넣고 끓여둔 식촛물을 부어준다. 식촛물이 뜨거울 때 부어야 더 아삭해진다.
5. 간장 종지 등을 맨 위에 엎어 얹어 재료가 떠오르지 않게 한 뒤 2시간 정도 실온에 두었다가 뚜껑을 덮어 냉장고에 보관한다.

베이크드파스타

오븐에 구워 먹는 파스타로, 치즈를 듬뿍 넣을수록 더 맛있어요.
뜨거운 온도를 오래 유지하며 먹을 수 있어서 좋아요.
특히 아이들이 치즈가 죽죽 길게 늘어지는 것을 좋아하는데요.
빵가루를 약간 넣으면 치즈와 파스타 사이의 수분을 잡아주어
더 보송보송하고 맛있는 베이크드파스타가 됩니다.

주재료
스파게티 2줌
빵가루 1숟가락

부재료
새우 4마리
모차렐라치즈 1컵
다진 마늘 ½숟가락
건고추 1개
양파 ½개
레드와인 2숟가락
바질 0.5숟가락
올리브유 4숟가락
파슬리 가루 약간

토마토소스
홀토마토 1캔 + 설탕, 소금 0.3숟가락씩

2인분 | 45분

1 스파게티는 끓는 물에 소금과 올리브유(1숟가락)를 넣고 8~10분간 삶은 후 건져서 물에 헹구지 말고 그대로 둔다.

2 양파는 얇고 길게 썰고, 건고추는 적당한 크기로 썬다. 새우는 등 쪽의 내장만 제거하고 껍질은 그대로 둔다.

와인이 새우의 비린 맛과 향을 잡아준다.

3 달군 팬에 올리브유(3숟가락)를 두르고 다진 마늘과 양파를 넣어 볶은 뒤, 건고추와 새우를 넣고 볶다가 레드와인을 넣는다.

설탕이 홀토마토의 신맛을 중화해준다.

4 홀토마토와 바질을 넣고 주걱으로 부숴가면서 5분 정도 더 끓이다가 소금과 설탕을 넣어 간한다.

5 스파게티를 넣고 1~2분간 더 끓인다.

파마산치즈를 얹어 먹어도 좋고, 더 바삭한 맛을 원할 땐 빵가루를 더 뿌려주면 된다.

6 ⑤를 오븐 용기에 담은 후 빵가루를 솔솔 뿌리고 모차렐라치즈와 파슬리 가루를 얹어 200℃의 오븐에서 약 10분 정도 굽는다.

알리오올리오

'알리오'는 '마늘'을, '올리오'는 '기름'을 뜻하는 이탈리아어예요.
마늘과 기름으로 간단히 만들 수 있기에 많은 재료가 필요하지 않은 대신,
만드는 방법이 살짝 까다로운 음식이죠. 늘 기름에 튀긴 알리오올리오를 만들었다면
이번엔 국수 삶은 물을 넣어 촉촉한 알리오올리오 만들기에 도전해보세요!
레시피대로만 한다면 성공, 어렵지 않아요!

2인분 | 20분

주재료
스파게티(혹은 링귀니) 2줌

부재료
청양고추 1개
양파 ¼개
다진 마늘 1숟가락
올리브유 7숟가락
소금 0.5숟가락
후춧가루 약간

1 물이 끓으면 올리브유(1숟가락), 소금(0.3숟가락)과 함께 스파게티를 넣는다.

스파게티의 단백질 성분 때문에 바로 불어버리므로 찬물에 헹구지 않는다.

2 8분 정도 후 면을 건져서 올리브유(2숟가락)에 버무려둔다. 면 삶은 물은 ½컵 정도 따로 담아둔다.

청양고추 대신 말린 홍고추를 사용하면 훨씬 개운한 맛이 난다.

3 청양고추와 양파는 잘게 다진다.

4 프라이팬에 올리브유(3숟가락)를 두르고 다진 마늘과 다진 청양고추, 다진 양파를 넣고 20초간 볶다가 소금(0.2숟가락), 후춧가루 약간을 넣는다.

면 삶은 물은 구수한 맛, 단맛을 더해주고 파스타를 촉촉하게 유지해준다.

5 스파게티를 재빨리 섞고, 따로 담아둔 면 삶은 물을 넣는다.

6 다시 끓으면 올리브유(1숟가락)를 더 넣고 뒤적인다. 접시에 담고 기호에 따라 파마산치즈를 곁들여 먹는다.

시금치치즈딥과 또르띠야

시금치는 불에 익히면 더 달고 맛있어져요.
시금치에 치즈와 크림을 섞어 또르띠야에 얹어 구우면 최고의 별미가 됩니다.

2인분 | 30분

주재료
또르띠야 칩 1봉지
모차렐라치즈 1컵
생크림 5숟가락

시금치치즈딥소스
시금치 1단 + 크림치즈 1통(200g) +
파마산치즈 가루 4숟가락 +
다진 마늘 0.5숟가락 +
후춧가루, 소금, 파슬리 가루 약간씩

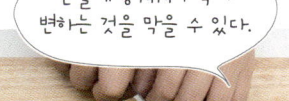
찬물에 헹궈둬야 색이 변하는 것을 막을 수 있다.

1 시금치는 씻어서 끓는 물에 소금을 약간 넣고 살짝 데친다. 반드시 찬물에 헹군 뒤 물기를 꼭 짜고, 칼로 잘게 다진다.

2 크림치즈와 파마산치즈 가루를 넣고 버무린다.

3 다진 마늘과 생크림을 넣고 섞는다. 파슬리 가루도 약간 뿌린다.

4 소금과 후춧가루를 넣어 간하고, 모차렐라치즈를 절반만 넣는다.

또르띠야 칩이 없을 땐 만두피로!

또르띠야 칩이 없을 경우에는 만두피로 직접 칩을 만들 수 있어요. 마트에서 구입한 만두피를 4등분한 뒤, 180℃의 기름에 튀겨내면 끝! 시판 만두피에는 염분이 많으므로 따로 소금을 뿌릴 필요도 없어요.

5 또르띠야 칩 위에 ④를 얹고 나머지 모차렐라치즈를 얹은 후 200℃의 오븐에서 치즈가 노릇해질 때까지 굽는다.

감자치즈그라탱

감자와 치즈를 켜켜이 쌓아서 만드는 그라탱 요리.
감자치즈그라탱은 고기랑 같이 먹으면 더 맛있어요.
감자 대신 고구마나 당근 등을 넣으면 색다른 맛을 느낄 수 있답니다.

2인분 | 40분

주재료
감자 2개
피자 치즈 2컵
파마산치즈 가루 4숟가락
파슬리 가루 0.3숟가락
바질 0.1숟가락
올리브유 약간

베사멜소스
밀가루 2숟가락 + 버터 1숟가락 +
우유 100㎖ + 생크림 150㎖ + 소금 약간

1 감자는 잘 씻은 뒤 껍질을 벗기고 얇게 썰어 물에 담근다.

밀가루가 갈색이 나지 않도록 볶는다.

2 달군 팬에 버터를 녹이고 밀가루를 넣어 1분간 볶는다.

3 우유와 생크림을 넣고 저으면서 덩어리지는 것들을 풀어준다. 약 2~3분간 끓여서 소스의 농도가 적당해지면 소금 간을 한다.

4 오븐용 용기에 올리브유를 약간 뿌려 코팅하듯 바른다.

5 섞어둔 베사멜소스, 감자, 피자 치즈, 파마산치즈 순서로 올린 뒤 이를 반복해서 그릇의 윗면까지 켜켜이 올린다. 맨 위는 파마산치즈로 끝낸다.

은박지를 헐겁게 덮은 채로 15분 굽고, 은박지를 제거한 후 10분간 더 구워서 노릇한 색이 나게 한다.

6 파슬리 가루와 바질을 뿌린 뒤 180℃로 예열한 오븐에서 25분간 구워준다.

스트로베리쇼트케이크

간단하게 뚝딱 완성하는 쇼트케이크 레시피. 시럽을 발라 촉촉하고 보드라운 쇼트케이크에 제철 과일과 생크림을 곁들이면 사 먹는 것보다 몸에 좋고, 맛도 있고, 보람까지 느낄 수 있는 나만의 케이크가 완성됩니다.

주재료

카스텔라 1개
딸기 6알
휘핑크림 2컵
설탕 6순가락
레몬즙 약간

1 카스텔라는 가로로 2등분하고, 딸기는 옅은 소금물에 흔들어 씻어 세로로 얇게 썬다.

2 볼에 물(4순가락)을 넣고 설탕(4순가락)을 녹인 뒤 전자레인지에 1분간 돌린다. 식힌 뒤 레몬즙을 뿌린다.

> 아래쪽에 얼음물 그릇을 겹쳐놓고 차게 중탕하면서 거품을 내면 더 빨리 크림 형태가 된다.

3 휘핑크림에 설탕(2순가락)을 넣고 거품기로 저어서 생크림 형태로 거품을 낸다.

> 시럽 양에 따라 케이크가 더 부드럽고 촉촉해지니 넉넉히 바른다.

4 카스텔라의 자른 면에 설탕시럽을 골고루 바른다.

5 생크림을 펴 바른 후 딸기를 올리고 다른 카스텔라로 덮는다. 이 과정을 한 번 더 반복한다.

> 윗면을 다른 과일이나 민트 이파리로 장식해도 좋다.

6 겉면에 생크림을 살짝 덧발라 모양을 잡아준다.

찾아보기

ㄱ

가지쇠고기볶음 36
간단깍두기 54
간단동치미 56
간단물김치 55
간단배추김치 52
간사이오뎅탕 70
간장계장 50
감자채볶음 45
감자치즈그라탱 282
강된장 38
건과일소스를 얹은 닭가슴살스테이크 130
검은콩갈치조림 150
검은콩아이스크림 144
견과류멸치볶음 37
고등어갈비 165
고등어쌈장 44
고르곤졸라피자 274
골뱅이비빔국수 90
궁중떡볶이 230
김치말이밥 92
깐풍기 184
깻잎찜 49
꽁치김치찜 79
꽃게마늘소스볶음 126
꽃게탕 69
꿀약식 146

ㄴ

나가사키짬뽕 106
낙지볶음과 소면 170
날치알깍두기볶음밥 101

ㄷ

단호박오리고기볶음 140
단호박카레라이스 114
단호박크림수프 250
닭강정 182
닭고기양상추쌈 138
닭볶음탕 196
닭칼국수 110
대나무통영양밥 222
데리야끼소스닭구이 156
도토리묵무침 172
도톰탱탱달걀말이 186
돼지고기김치찌개 74
돼지고기떡볶음 190
돼지고기부추덮밥 88
두릅마늘볶음 132
두부고추장찌개 66
두부달걀덮밥 93
등갈비구이 214

ㄹ

로즈메리안심스테이크 198

ㅁ

마늘볶음밥 109
마파두부덮밥 98
매운갈비찜 204
매콤고소토마토홍합찜 202
명란달걀탕 72
명란크림파스타 272
모둠불고기전골 80
미네스트로네 252
미숫가루밀크쉐이크 241
미역국 60
미역안심냉채 142

ㅂ

바나나프렌치토스트 240
발사믹소스채소구이 266
배추된장국 63
버섯불고기와 메밀온면 128
버섯수삼떡갈비 228
베이컨, 토스트, 스크램블에그가 있는 아메리칸 브랙퍼스트 236
베이컨김치덮밥 108
베이크드파스타 276
봉골레파스타 270
부대찌개 76
북엇국 68
블루베리머핀과 황금비율 다방커피 238

ㅅ

사골곰탕 82
삼겹살간장찜 120
삼계탕 148
새우달걀부추볶음 174
새우볶음우동 178

새우부추전 158
새우크림크로켓 168
소시지순대볶음 160
쇠고기뭇국 62
쇠고기야채죽 116
쇠고기장조림 40
수삼갈비찜 134
수삼새우냉채 206
순두부찌개 78
순살마늘치킨 162
스트로베리쇼트케이크 284
스팸깻잎초밥 96
스프링롤 212
시금치치즈딥과 또르띠야 280
시저샐러드 248

ㅇ

아게다시도후 220
알리오올리오 278
알밥 112
애호박나물무침 46
양념게장 226
양념게장냉면 227
양념웨지감자 188
연근조림 42
연어라이스케이크 232
연어베이글샌드위치 258
연어샐러드 244
오야코돈부리 102
오이고추된장무침 39
오징어채무침 47

유자백김치말이 208
일식달걀말이 209

ㅈ

전복마늘스테이크 133
전복죽 147
조개탕 73
조갯살톳밥 100
주삼불고기 180
즉석감자전 164

ㅊ

차돌박이유자무침 122
참치타다키 166
찹쌀과일탕수육 210
치즈프리타타 264
치킨가라아게 218
치킨또르띠야랩샌드위치 260
치킨파마산 263

ㅋ

카프레제샐러드 242
캘리포니아샐러드롤 200
케이준치킨샐러드 246
코울슬로 215
콘샐러드 189
콩나물국 64
콩나물무침 65
콩나물묵사발 94
콩나물밥 86

크로크무슈샌드위치 255
크루아상에그샐러드샌드위치 256

ㅌ

토마토치즈부르스케타 254
통두부불고기샐러드 194
튜나멜트샌드위치 262

ㅍ

파닭 176
파인애플볶음밥 104
푸딩달걀찜 48
피시앤칩스 177

ㅎ

해물떡찜 136
해물솥밥 124
해물탕 152
해물포모도로파스타 268
호두콩조림 43
홈메이드 마요네즈 261
홈메이드 바질페스토소스 243
홈메이드 피클 275
홈메이드 쿨피스 137
홈메이드 토마토소스 269
화산달걀찜 34
화이트그린쌈밥과 두부쌈장 216
흑맥주스튜 224

하루 30분, 요리가 된다

첫판 1쇄 펴낸날 2013년 11월 10일
4쇄 펴낸날 2014년 12월 17일

지은이 홍신애
푸드스타일링 한지혜
사진 박순재
발행인 김혜경
편집인 김수진
책임편집 윤진아 **편집기획** 이은정 김교석 이다희 백도라지 조한나
디자인 김은영 정은화
경영지원국 안정숙
마케팅 문창운 노현규
회계 임옥희 양여진 신미진

펴낸곳 (주)도서출판 푸른숲
출판등록 2002년 7월 5일 제 406-2003-032호
주소 경기도 파주시 회동길 57-9번지, 우편번호 413-120
전화 031)955-1400(마케팅부), 031)955-1410(편집부)
팩스 031)955-1406(마케팅부), 031)955-1424(편집부)
www.prunsoop.co.kr

ⓒ 홍신애, 2013
ISBN 978-89-7184-989-7(13590)

* 잘못된 책은 구입하신 서점에서 바꾸어 드립니다.
* 본서의 반품 기한은 2019년 12월 31일까지 입니다.

이 도서의 국립중앙도서관 출판시도서목록(CIP)은 e-CIP 홈페이지(http://www.nl.go.kr/ecip)와
국가자료공동목록시스템(http://www.nl.go.kr/kolisnet)에서 이용하실 수 있습니다. (CIP2013020574)